我們 與島嶼的對話

陳志恆．孫琬琪　著

獻給我重要的家人，妳們永遠是我生命的一切！

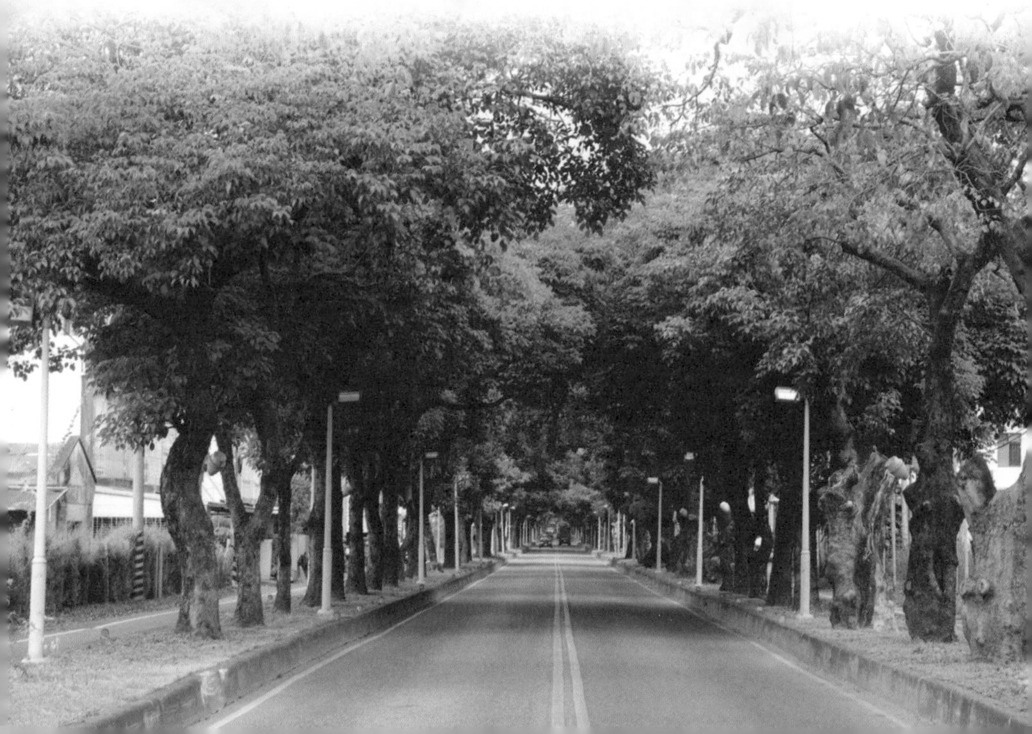

推薦序

與台灣的對話

每個人都用著不同的方式跟心中最愛的土地致敬，馬克與麻糬用著雙腳、鏡頭、心和記憶來證明。

回想去年從小琉球騎車回高雄的路上，在雙園大橋上遠遠就看到兩個小小的黑點，本以為是兩位想以攬車流浪的旅人，於是放慢車速，這才看到他們的背包上寫著已徒步環島幾百公里的小板子，那種發自內心想幫他們加油的激動，讓我在經過他們身邊時感動的喊出「加油」！相信在馬克與麻糬徒步環島的路上，一定遇到了很多動人又迷人的故事，而出現在《徒步環島。我們與島嶼的對話》書中的任何人、事、物，都會是臺灣最美麗的風景，或許讀者在看完這本書後，也會準備好一雙耐磨的鞋和特大背包，來開啟屬於自己的環島夢，這或許也是作者最樂見其成的一件事，因為受到此書的鼓舞，踏出屬於自己夢想的那一步，就跟他們常常笑笑地說：若是想太多，我們就不可能會出發啦！就是這種衝動以及追夢的勇氣，讓我看著他們的背影，對此深深著迷！

準備好要和美麗的臺灣對話了嗎？馬克與麻糬將會是我們最棒的翻譯員。「徒步環島。我們與島嶼的對話」，起步，走！

DJ 王小喬

推薦序

旅途中，才能看見真正的自己

有些時候，有些人找我去演講分享，主題除了閱讀以外，最常談的就是「如何選擇？以及如何夢想？」這兩個問題真的是大哉問，因為選擇談再多，我的選擇不是你的，我幫你選的也不是你要的，你要的我也選不出來，而夢想的問題其實也是一樣。

所以多半時候，我會從另一個角度去帶領大家想一想，你到底要什麼？什麼是你真正想要的生活？什麼是你覺得一輩子不做一次會遺憾的？人如果能夠在永遠沉睡前，找到這個答案，那也真的是此生無憾！但要怎麼找到這樣的答案呢？

在日復一日的工作循環裡，相同的環境空間，我們多半時候做的不是自己，而是別人想要的我們。別人想要我們每日完成他們指派的工作，別人想要我們想著同樣的公司業績，別人想要我們好好穩定地生活，別人想要我們別想太多快快睡去，然後明天一早再回到這裡持續，持續著別人想要的我們。

而這樣壓榨的時間，以及失去思考能力的生活，真的是你想要的嗎？我們或許沒有逃離的勇氣，但我們有旅行的權利。

從旅行中，找回真正的自己，在與自己旅行的過程中，我們也才能真正做一回自己，想想自己的選擇，想想自己夢想的方向是否偏離，也同時認識這個每天與我們在一起的世界。

一本好書《徒步環島。我們與島嶼的對話》

與作者相遇是在很特別的演講場合下，一個新認識朋友的朋友，我們一起吃了頓飯。全身黝黑靦腆的他，像個陽光的大男孩，眼睛發光般地分享他的環島旅程，原本我想，應該是追逐流行騎腳踏車或是騎機車環島吧！但在他精采的分享中才知道，他選了一條最難的環島方式：用走的，從臺北淡水出發，往東北方向繞行一圈臺灣，花了近三個月時間去旅行，去認識這塊土地與居住在這裡的人們。

穿過了熱鬧都市與村莊田野，從繁華燈火到杳無人煙，同一塊土地卻存在兩種極端的世界，一個過慣都市生活的大男生，在旅行中必須劈柴煮飯，用慣都市的方便洗衣機、脫水機，才發現自己徒手洗完的衣服用手擰過後，在風的吹撫下一晚就乾了。許多的發現，原本都不在他所生活與認知的世界裡，但在不同的時空、不同的地點，卻遇到許多相同樸實的人群，一顆顆美麗的心，就在臺灣這塊寶

島上。

在他們的網站上有一段話：該被揮灑的，不是生命，是夢想；年輕的靈魂是要被衝撞，被激發的熱情是導火線，點燃那內心深處渴望追夢的想法；開始徒步，我們與島嶼的對話。

給自己一場人生的畢業旅行吧！認識這個世界，也重新認識自己，讓明天有更好的開始，因為你從旅行中找回真正的你，可以讓你充滿勇氣與信心，繼續前進。

閱讀社群主編　鄭俊德

作者序

夢想，不大聲說也可以

大三那年，帶著純粹天真的勇氣，還記得剛抵達開羅機場時，旅館的人問我好幾句英文，我一句也聽不懂，只見那旅館人員最後講了一句話，「你第一次自助旅行就來埃及，真是勇敢！」這句話倒是莫名奇妙的聽懂了，我想，天真也是勇敢的另一種方式吧！

三年過去，依然記得剛踏上埃及開羅機場時，一群人圍著你說要幫忙介紹旅館、景點的那個畫面，只知道頭也不回的拼命往前走，走著走著，緊張慢慢不見，而旅行的靈魂，從此刻蔓延，直到永遠。

嘗試將自己所做的白日夢，不一定要大聲的說出來，但可以小小聲的告訴自己，去試著做做看吧！我第一次嘗試，好像有那麼一點成功，至少我還順利從埃及活著回來，甚至還胖兩公斤，謝謝我媽給我的鐵胃。藉由這次旅行，我不知道自己有沒有成長？英文有沒有變好？眼界有沒有變寬廣？這些問題我都沒有答案，但我只知道一件事，我完成了一個，我小小聲、默默地，希望達成的夢想，在這趟夢想的旅途中，聽見許多奇妙的故事、看見許多令人驚嘆的美景，最重要的是，因為旅行，使我們相遇。

不要被自己阻止了

還記得國小時，有次智力測驗，我被判定不合格（應該就是所謂的智力不足），讓我小小心靈受到莫大打擊，自卑感油然而生，那時候不但自信全無，做什麼事都覺得是不是因為我比較笨，所以做不好。直到後來發現，不是因為比較笨，而是因為自己被自己阻止，或許每個人都知道，也都聽過：「一個人最大的敵人，就是自己。」只是沒想到，這個敵人這麼難擊敗，直到現在，我還是在努力著。

引用一位希臘作家的名言套用在徒步環島的這趟旅程中：「我們在內心所實現的，將改變外界的現實。」這句話無比貼切。當我們一步一步擊敗內心的敵人，並且實現自己心中的想法時，將逐漸了解到外界的一切隨之改變，像是一股能量持續地將我們向前推進，其實學著不要被自己阻止，是一場人生的持久戰，不論有沒有成功的克服，但至少我們都必須要嘗試，擊敗自己！

出發不一定要有方向

「如果你決定要出發，那麼旅行中最困難的部分已經結束！恭喜你，出發吧！」這是出自一本字很多，書很厚，圖片極少的旅行書創辦人（《Lonely Planet》）所說過的話，想與各位讀者分享，出發兩字是這句話的精髓，代表你開始行動！沒有方向沒關係，因為所有的方向都是靠著自己的雙眼、雙腳去慢慢摸索出來的，就像我們這趟徒步環島之旅，一開始不是因為有方向所以才出發，而是決定要出發後，才慢慢地有了方向，透過一點一滴的努力，方向逐漸明確，當我們踏出第一步，也是因為那莫名其妙的第一步，而有了現在這本書。

一趟旅行，說改變一生或許有點誇張，但它的確改變了二十出頭的我更勇敢的去追尋自己的夢想，環島的旅程價值多少呢？對我們而言，是無價的；用雙腳重新認識台灣，除了汗水與爭吵，同時也能擁有浪漫與溫馨。

我是一個熱愛旅行，更熱愛台灣的平凡人，我想我可以，每個人都可以。

陳志恆

目錄

Part 1 出發前。夢想萌芽……

Part 2 旅程中。用雙腳感受島嶼的溫度……

徒步，尋找傳承在島嶼的意志

Part 3 環島後。未完待續……

Part 1

出發前。

夢想萌芽……

Taiwan
Walker
加油

怎麼會，想走路呢？

徒步，不恣意揮灑、勇敢冒險，怎麼向青春致敬？青少女老男人與島嶼的對話：有沒有二十三歲總被以為是三十二歲，而快三十歲卻總是被認為只有十八歲的八卦？

麻糬：**好像永遠處於花樣年華的青少女，活力無限。**

馬克：**黑過頭的皮膚加上鬍渣在下巴隨意生長，說是三十二歲大叔也不為過。**

所有人都以為，我們是認識很久很久的朋友，或者以為我們是男女朋友。其實，我們認識不到半年，也不是couple，但我們都有追夢的勇氣，並且朝著夢想去實踐！某次偶然的對談中，可能伴隨著腥羶色，但我們還是不忘提及夢想，話題逐漸轉向熱血並且認真的方向，主題逐漸變成追夢、環島、臺灣。

去了許多國家，好像每次介紹到自己的故鄉臺灣時，都不太了解似的，只能簡單介紹一下。馬克感嘆著

我從來沒有長途旅行過，不知道那是什麼樣的感覺。麻糬說

臺灣的美好像都是看別人的旅遊書才知道，有些作者甚至還不是臺灣人，連歪國人都比臺灣人更了解臺灣，這樣好像說不過去厚。馬克說

對啊！對臺灣的了解好像很片面，似乎所有時間都花在工作上，真的應該要為自己安排一趟有意義的旅行。麻糬說

我也這麼覺得！我從畢業後就想環島，我覺得在投入職場前，能夠用自己的內心與雙眼去好好體驗臺灣，一定會畢生難忘，妳要一起嗎？馬克問

好啊，那我們要用什麼方式呢？單車？摩托車？麻糬問

走路啊！想都沒想的馬克說

……，認真說一下要用什麼方式環島啦。沉默一分鐘後，麻糬沒好氣的回答

走路，我是認真的，我想用雙腳，去感受這塊島嶼真正的溫度。馬克說

走就走，誰怕誰！熱血的青少女麻糬說；好像答應的太快了，但是答應都答應了……

偶然絕對不是偶然，偶然之所以會形成，是因為兩個相同目標、相同思想力量的結合，無形地將

兩人放在同一個時空下，並且交談，朝著夢想邁進。雙腳所感受到的，是這塊島嶼的脈動，這片景色的故事，這群人在臺灣生活的綿綿細語，用雙腳不一定能踩遍最多的地方，但希望能夠看到更多真誠的生活故事。

兩個不是很熟的人，能一起長期旅行嗎？

老馬克怎麼想？

旅行最重要的關鍵就是旅伴吧！兩個人要在一起生活，一起行動，就算跟自己的父母親說不定都沒有這麼長時間獨處，更何況是不熟的人，所以說這種事情應該是一半要交給上帝，一半運氣，等於是完全無從判斷起……但是，我還是認為是可以的，因為在旅行的過程中，兩個人都是以等比級數在成長著，妳影響著我、我影響著妳，雙方若是目標相同，且都是肯溝通的，我想正向成長的速度會非常快，當然在一起長期旅行就沒有問題。

麻糬少女怎麼想？

旅行除了方向外我最在意的就是旅伴了。過去我很愛一個人隨意旅行，但總覺得發現美景當下沒人分享少了些許滋味。難得遇上了踏遍許多國家的浪子，也許是看到他那堅定的眼神吧！所以我也沒在怕的，覺得一起旅行沒什麼大不了啊！我也沒有離家過，對自己也是種挑戰，而且兩個人頻率相仿，個性又合得來，我們都擁有實踐夢想的心，那其他方面就互相磨合溜。沒踏出那一步誰知道，就當做是種磨練吧！人對了，要去哪玩多久就都不是問題了。

出發前，跟我們一起做些準備！

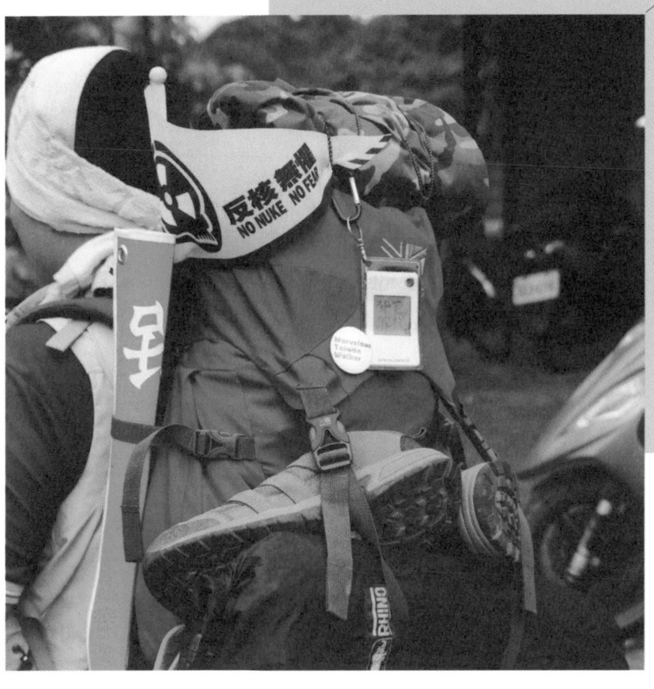

心理建設

原本的工作呢？

馬克：趁著退伍的空檔，我想讓人生留下獨一無二的回憶，在當兵的時候就開始計畫此次的環島之旅！

麻糬：難得當了好久夢寐以求的周休二日上班族，優沃的薪資居然敵不過自己的夢想，因為不想後悔，向公司勇於表達自己想在三十歲前完成環島的夢，老闆娘居然同意讓我請兩個月假並且大力支持，真的很感動！雖然我們花了七十一天才走完，哈哈哈！

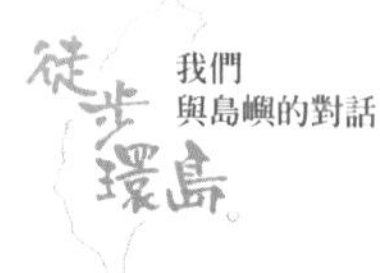

家人是否支持？

馬克：願意用自己的雙腳去體驗臺灣，母親贊成，只要小心自己的人身安全即可。

麻糬：自求學開始打工，十四年來為了工作沒停過，也沒有離家那麼久過，行前花了一兩個月時間跟父母親溝通，因為女兒要跟一位不是男友的老男孩去瘋狂地逐夢了，還是用走路的，當然要好好的打幾劑強心針讓他們安心，好加在這兩位大老跟老弟知道我非去不可的決心，也鼓勵我，能獲得家人的支持是最可貴的力量。

體能訓練

- 維持每周上健身房兩次，增加肌耐力的訓練。
- 有每周跑步兩次的習慣，一次最少三千公尺。
- 兩人行前有參加溯溪、攀岩等戶外運動的經驗，馬克大學時更登過數十座山岳，麻糬則是愛在假日參與馬拉松賽事。（兩個人平時都停不下來，臺灣這麼小應該走得完吧？環島前的自信心過剩。）

路線規劃

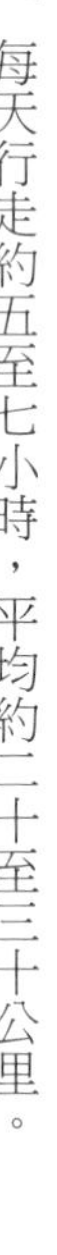

- 我們都住臺北，決定從最北端出發，由新北市捷運淡水站啟程，順時針往東北方開始前進。
- 每天行走約五至七小時，平均約二十至三十公里。

訂定大目標，尋找各地獨特人文風情與私密景點。走沒幾天，路線就變成「哪裡有故事」，哪裡就是我們的棲息處。

行銷宣傳

Facebook 粉絲團設立：能夠即時分享心情、在地美食，或是與各地粉絲們交流資訊，希望能藉由這個平臺，雙向分享故事，也讓更多人跟著我們一起去旅行。

背包客棧、部落格文章撰寫：整理我們的故事，在馬克所經營的部落格與背包客棧上分享。

設計專屬徒步環島的個人名片：人生如此長，緣分不能這麼短啊！交換資訊才能夠延續彼此的故事。

徒步環島 LOGO 限定T恤：兩人穿著同款白T沿路走著，聚集莫名神奇力量不停地督促著腳步，當然還有路人的眼光啦！

訂製專屬 LOGO 胸章：沿路送給與我們分享人生或協助過我們的人，不過臺灣人真的是太熱情，還沒走完就發完了。

一條紅底白字製的形象帆布條：成功地抵達每個標的時總會來個爽歪歪的合照，紅色就如同永不滅的熱情，希望維持這份悸動直到最後成功的那一刻。

為什麼要這麼做，還沒開始走就準備了一大堆不怕失敗嗎？

想讓臺灣各地的人知道我們是有備而來，陌生闖入在地人的生活圈，總是會有所防備，我們設計的名片、制服、布條充分表達來意，想要交換彼此的故事，記載一份屬於臺灣在地文化的傳承。我們不只是單純地完成一個環島的夢，所以不怕失敗，因為失敗也是一種學習的力量，但是企圖心及毅力會促使我們一同完成這個夢。

到底，為什麼背包會那麼重？

一定有很多人會好奇為什麼我們的背包這麼重，有些東西不是沿途都買得到嗎？因為環島的過程中，安全總還是第一考量，我們帶上所有必備物品就是要防止發生任何意外狀況，或許會重一些，但是能讓旅途順利進行是無價的。所以東西帶得特別齊全，以下是物品攜帶表：

電子產品

物品	數量	備註
手機	1	
相機&電池	1	SONYa77+兩顆電池
腳架	1	

物品	數量
充電器	1
相機清潔組	1
變壓器	1

衣物

物品	數量	備註
內褲	5	
內搭褲	1	
運動（睡）長褲	1	
短袖T恤	3	
長袖襯衫	1	
GORE-TEX 防風外套	1	
軍用雨衣	1	
登山鞋	1	防水
毛帽	1	
襪子	7	
盥洗包	沐浴乳、洗髮精、洗面乳、牙膏／刷、化妝水&棉、護唇膏、隱形眼鏡藥水	

物品	數量
排汗內衣	3
牛仔褲	1
短褲	2
長袖T恤	1
毛衣	1
運動外套	1
輕便雨衣	1
拖鞋	1
網帽	1
毛巾	2

工具／用具

物品	數量	備註
500cc 水壺	1	
布條	1	
參考用書	2	
Karrimor 雙肩背包	1	65L
小背包的防水套	1	
夾鏈袋	5	可多帶幾個
太陽眼鏡	1	
乳液	1	
綁腿	數個	
雙人帳篷	1	

物品	數量	備註
地圖輯	1	
行程資料	1	
筆記本＋筆	2	
後背包	1	
大小塑膠袋	4	裝髒衣服用
口罩	1	
防晒乳	2	
洗衣粉	1	一小袋
睡袋	1	660g 小精靈睡袋
膠帶	1	

蚊香		
溼紙巾	1包	
鋼杯	1	
頭燈	1	
信用卡	1	
衛生紙	1捲	
鐵湯匙&環保筷	1	
攀登繩		晒衣服用

食品／藥品

物品	數量	備註
即沖包	5	
止瀉藥	適量	保濟丸
普拿疼	適量	
泡麵	4	
外傷藥膏	1	
維他命	20	

有問題，才有機會相遇

我們都是在問與答之間認識彼此，透過問與答，成為了朋友，成為了夥伴，在眾多的問題當中，這幾個出現頻率最高：

你們是情侶嗎？

不是耶，要是情侶的話可能走一走就在半路吵架，各自搭車回家，這趟旅程就沒辦法堅持到最後了！

怎麼會有這麼多時間？

馬克剛好運用退伍的時間，而麻糬則是鼓起勇氣向公司請了兩個月的假，當送給自己三十歲的禮物，雖然說時間就像乳溝一樣擠一擠可能就有了，但是因為這麼長的時間，剛好兩人都有為了完成夢想而努力的決心，所以關關難過關關過！

為什麼要用走的？是在還願嗎？

為了能將臺灣看得更仔細，我們想用雙腳去親近這塊土地，也想鼓勵更多人一起認識自己的家鄉，我們一點都不特別，但有著追逐夢想的勇氣，希望能用走的讓更多人感受到，並且去實踐夢想！

預計走幾天？

本來只打算走六十天，因為臺灣的景色與人太吸引著我們，不小心就走了七十一天。

用走的看臺灣，有什麼特別的嗎？

所有特別之處，都在接下來的文字與圖片中，將我們所感受到這片土地的溫度與熱情，轉化成文字，獻給讀者。

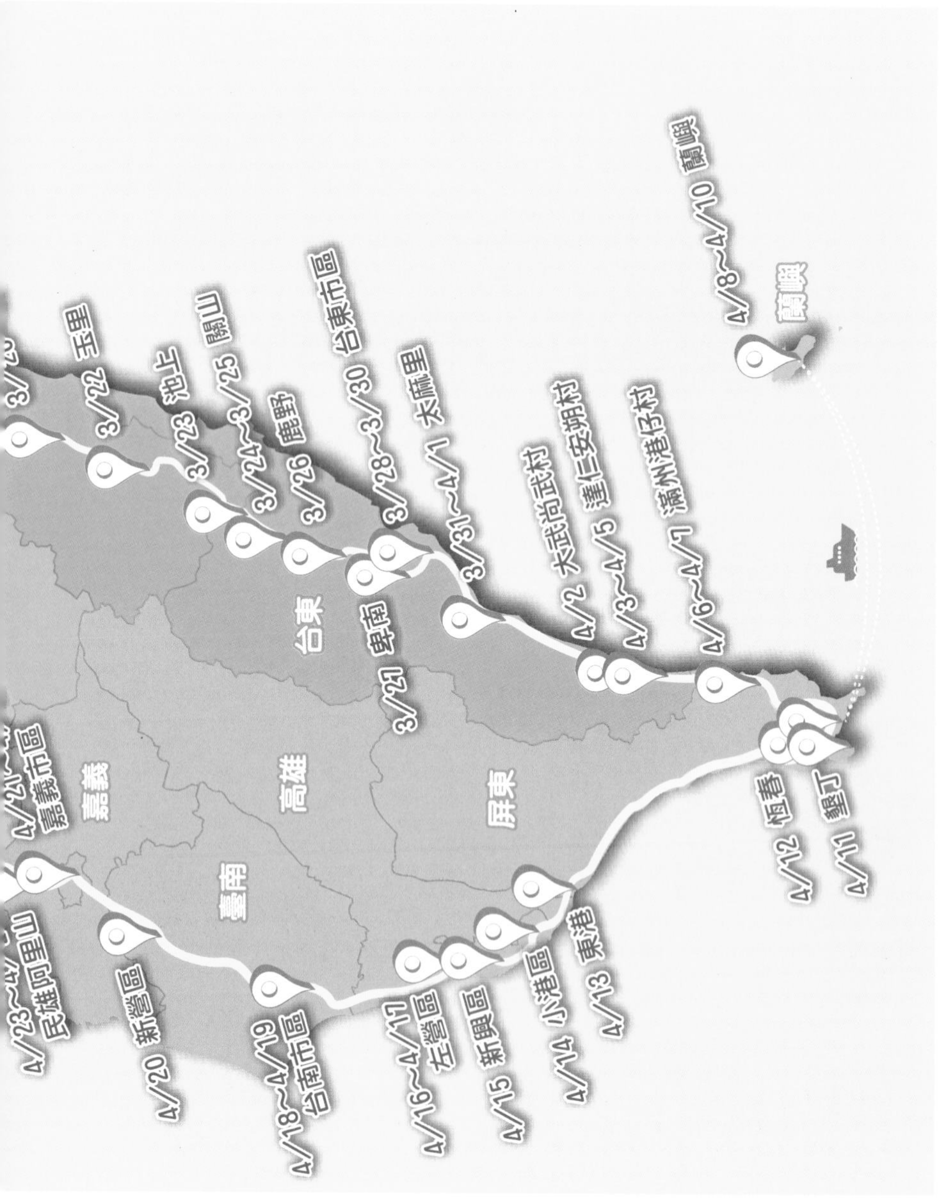

4/23~ 民雄阿里山
4/21~ 嘉義市區
嘉義
4/20 新營區
臺南
4/18~4/19 台南市區
高雄
4/16~4/17 左營區
4/15 新興區
4/14 小港區
4/13 東港
屏東
4/12 恆春
4/11 墾丁
3/22 玉里
3/23 池上
3/24~3/25 關山
3/26 鹿野
台東
3/27 卑南
3/28~3/30 台東市區
3/31~4/1 太麻里
4/2 大武尚武村
4/3~4/5 達仁安朔村
4/6~4/7 滿州港仔村
4/8~4/10 蘭嶼
蘭嶼

一張路線圖，道盡環島

2/28 三芝
3/1~3/2 基隆市區
3/3 瑞芳金瓜石
3/4 貢寮福隆
3/5 頭城
3/6~3/7 羅東
3/8~3/9 蘇澳
3/10 南澳東澳村
3/11 南澳
3/12~3/13 新城太魯閣
3/14~3/15 花蓮市區
3/16~3/17 秀林文蘭村
3/18~3/19 鳳林
瑞穗
基隆
臺北市
新北市
宜蘭
桃園
新竹
苗栗
臺中
南投
花蓮
彰化
雲林
5/9 淡水（捷運站）
5/8 八里
5/7 大園
5/6 中壢市區
5/5 新竹市區
5/3~5/4 峨眉
5/2 苗栗市區
5/1 后里區
4/29~4/30 北區
4/27~4/28 霧峰區
4/26 員林
4/25 斗六

旅程中。

用雙腳感受島嶼的溫度……

M

2/28 2013 登場人物：愛妮、Tom

淡水↓三芝

淡水，時光交錯

有人說旅行是一種對現實生活的逃避，也有人說旅行是一種面對自己內心的最好機會，或許兩者都對吧！逃避是為了準備迎接面對而做的努力，而面對則是為了下一次的勇敢逃避，我面對的同時，同時也在逃避。

每一次踏出的每一步，看似勇敢的背後，其實都是學習不再膽小的努力。我們是這樣看自己的，每一次的旅行，都逼著面對自己的膽小，舉凡問路、殺價、據理力爭的吵架、計畫行程、搭車、在眾人面前介紹自己等等，看似平凡無奇的小事，對我來說都是一步一步體驗並成長的，沒有人會一直堅強，但我們可以試著讓自己變得不要這麼脆弱。

我們能夠毫不畏懼的出走，是透過很多旅人在各個地方給我們的信念，每看到一篇介紹臺灣的美，每見到一篇介紹臺灣人的人情味，每一個故事都使我們身上的旅行細胞萌芽，我們學著勇敢，學著敞開心胸去看每種事物的正反兩面，這不只是一趟旅程，也是一趟自我學習的經驗之旅。

從淡水出發，兩個人合計超過五十公斤的行囊，還記得誇下海口決定要徒步環島的日期好像是昨天一般，一起上健身房，一起拿著地圖安排行程，看著不曾看過的地名，使命感就像種子般在內心逐漸萌芽，一定要好好記錄這段旅程，好好的發掘屬於臺灣的故事！

雖然我們沒有汽車、摩托車，只能慢慢走、慢慢看我們可能不曾關心的臺灣，我們兩個都在臺北，被臺北的高步調所薰陶，好像已經習慣了這種生活步調，以為這就是正常的人生。我站在大稻埕碼頭內，看著早晨時段的車子疾駛而過，每個人，

好似都已經被臺北生活所制約，我們就是要走得這麼快，因為沒有慢的權利！

直到決定出走的那一刻，才像被敲醒了一樣，生活，是要對自己負責，

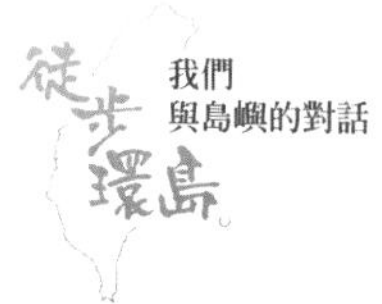

也需要面對現實的壓力，這些都難以拋棄與割捨，但是我們還是喜歡去做夢，甚至想幫助別人做夢；出發前我們用相機收集很多人的夢想，有些人在說出自己夢想的過程中，偷偷地告訴我們，仔細地將臺灣看一遍也曾經是他們的夢想之一，但或許是現實的考量、年紀的增長，讓他們放棄這個夢想，現在透過我們，帶著他的夢想一起走，邊走邊在網路上與所有人分享臺灣的故事。二〇一三年五月九日，這個日期會是我們兩個一輩子的回憶吧！從八里走上關渡大橋，往河面上一看，忽然一愣，陽光恣意地在淡水河灑上一層金黃色亮粉，波光粼粼的在我們眼前，一閃一閃，好似回到了第一天，景色幾近一樣，但兩人身上多了點滄桑，白色的衣服早已沾滿旅途的塵土，膚色變深了，肩膀變強健了，當然，還有小腿肌，默默的用痠痛提醒我們別忘記它的功勞，這是第七十一天，不真實的以為我們還在第一天。

我們沿著捷運旁的腳踏車步道走著，越接近終點心中越平靜，走到淡水時看到夕陽餘光吸引著眾人的目光，他把淡水河當成最棒的舞臺，與雲朵一搭一唱，看到這一幕就知道，我們回到魂牽夢縈的淡水了。時間約下午五點半，熙熙攘攘的人們在捷運站以極快的速度擦身而過，相遇，又分離，我想，這步調，是回到臺北了，這麼多相遇的種子在此呼喊，是耳朵選擇聽不到，還是心呢？第二次，身上背著超過二十公斤的行李在這裡與淡水相遇，其實念書的四年早已經過了這兒不下數百次，唯獨這兩次，將這裡看得特別仔細，特別感動，我想不是因為身上的行李，而是因為這趟旅程所看到的每個感動時刻，都在此凝聚，發酵成無數個希望，而我們實現夢想的過程，要從第一天開始說起。

種子在萌芽

我們創造回憶的同時，也在創造其他人的回憶，從家裡出門時拿著充滿回憶的相機與母親拍了一張合照，想要對照回來之後會有多麼地滄桑，會變得多黑。

這次帶了兩臺相機，一臺是沉甸甸的單眼，一臺是canon的老底片機，是母親用來記錄我小時候成長的回憶，拿起相機就像多了份責任感，這個觀景窗以前對出去的影像都是我們，擺好pose等著母親按下快門，時間不停歇的流動，唯有時光能夠在記憶中倒流，如同在小時候依偎在母親身邊的日子，透過鏡頭再次蔓延到心裡每一個地方；以前是母親替我們記錄這個世界的美好印象，這次換我陪著她一起看我們成長的故鄉——臺灣。每張照片的背後，都有著對母親滿滿的思念與感謝，這臺相機記錄下旅程的美好回憶，讓我能夠帶著她透過相片遨遊臺灣，看見臺灣更多的美。

適逢假日，車上早已滿滿的人潮，我們在相約好的捷運站會合，麻糬的母親與表妹陪著她，四個人一起搭車朝出發地淡水捷運站前進！一上車兩個大背包看到空位馬上放下，還沒習慣這樣的重量，但已經沒有退縮的藉口，不管再重，兩手一扛，還是得出

發！在車上閒聊的過程中，麻糬的媽媽依然不放心的交代著我們要注意安全，累的時候就要好好休息等等，從她的眼神中能看出對女兒滿滿的不捨。

我們一定會安全的回到淡水，並帶著充滿感動的故事！馬克對著麻糬媽說

媽，妳放心，假如，我是說假如唷，發生什麼壞事，我一定會先把馬克拿來當擋箭牌，反正他這麼黑，又長得這麼「粗老」，壞人看見應該也會先退避三分，安啦！麻糬不加思索地說

嗯……是的，阿姨請放心。馬克說

在捷運上的時間過得好快，一下子到站的廣播已經響起：「本列車終點站淡水到了」。兩個人像沙丁魚般穿過擁擠的捷運出口，背後的白板寫著我們今天的目的地，許多替我們加油打氣的聲音開始響起，出站後，也代表我們的旅程即將展開，在捷運站前拍下出發前的紀念照片，背包一上肩，出發囉！

今天的預定目標是金山，陽光給足面子地赤裸裸展現在我們面前，四個人邊走邊聊天，咦？不是兩個人徒步環島嗎？怎麼變四個人？原來麻糬媽還是捨不得女兒，堅定無比的拉著表妹說要陪我們走上一段，但這段路並不好走，都是上坡，麻糬也擔心母親的體力，一直勸媽媽趕快搭車回去，直到我們要轉進臺二線，準備往金山的方向前進，麻糬媽才停下來，我偷偷地回頭看，她的眼睛裡好像泛著淚光，看著我們慢慢往前走。走著走著，我們倆開始互相聊天，希望能稍微紓緩肩膀上的疼痛，背包好沉，太陽好大，路怎麼變得這麼難走？太陽給我們上了最扎實的一課，還記得第一次休息放下行李

的時候，感覺走路都像是要飛起來一般，好似剛剛背著的是鉛塊，忽然覺得能夠對抗地心引力，只是因為把一個很重的包包放下。

今天不知道走不走得到金山？很多出發前沒想到的事，現在開始慢慢思考，或許這也是走路環島的一項優點吧，因為走得很慢，所以能夠想得很多、很久、很深。走在這條路上，發現以前從未感受沿途的風景，沿途拍照，聊天，說著我們在抵達目的地後要如何發掘臺灣故事、大吃特吃當地美食，透過不斷地歡笑去想辦法忘記疲憊，但雙腳還是很誠實的告訴我們它累了；第一天走得很慢，因為不適應背包重量，本來預計到金山，但走到一半太陽已經準備下山，決定拋開計畫表，打個電話訂房間，改住淺水灣吧！

我們找了網路上推薦的民宿並打電話過去，管家愛妮聽到我們說要用走的過去，第一個直覺反應就是問：「你們是沒錢坐車嗎？」一語氣實在太過誠懇，一時之間我們還真的不知道要怎麼回覆，當下是該哭還是該笑？這就是我們與愛妮的第一次接觸！

在抵達前，愛妮早已張羅好住宿與用餐的一切，熱情的她自豪地介紹著淺水灣的美景，適逢夕陽西下，將淺水灣的美襯托得更加完

美。放好行李後，我們依約到附近的餐廳一起吃飯。門一打開，老闆 Tom 立刻熱情地向我們打招呼，愛妮點了好多菜，說是要犒賞我們今日的辛勞，但其實今天才走一點點路，實在是有點不好意思！幾杯黃湯下肚，店內的人們互相聊著天，彷彿是一場小型的聯合國聚會，在小小的空間內與旅人分享、交流！

來自不同國家的人們，在臺灣教書的美國人，臺語講得比很多臺灣人流利的紐西蘭人……，每個人都能透過這個空間快速融入其中。彼此互不相識的人們，在這裡將故事分享、傳遞，彷彿沒有任何隔閡，隨心所欲的談著人生、談著夢想！我們好奇地問起 Tom 為什麼會決定來臺灣定居，他笑笑地用不太流利的中文說：「嫁雞隨雞，嫁狗隨狗囉！」原來 Tom 的老婆是臺灣人，所以才會遠渡重洋地一路愛相隨，Tom 告訴我們他開這間店，就是希望能夠提供一個場地讓所有旅人在此聚集、分享故事，他說我們是第一個留下徒步環島故事的人，他也會將我們的故事讓更多人知道，並祝我們之後的旅途一切順利！熱鬧的餐廳內伴隨著他們的加油聲，我們更堅信這趟旅程的理念，不會被任何事物所擊倒，因為我們已經在旅途中；我們不害怕失敗，只怕因為害怕失敗而不敢嘗試。

回到民宿，想著第一天的一切，覺得好不真實，但看到大背包靜靜地在角落昂然挺立，我們知道這一切只是開始，後面還有很長的一段路要走，想著明天還要繼續背著二十五公斤的大背包，想著想著不知不覺緩緩睡去。

Day 1

淡水捷運站→三芝淺水灣

行走距離：13km

3/3 2013

登場人物：鄭大哥

金瓜石的夜，無可自拔的戀

今天起得沒有很早，睡眼惺忪的揉著雙眼，看著兩個大背包，心裡不是滋味的想等等又要背起它，好像還有點不切實際一般，捏了一下自己的臉，看是不是還在做夢，會痛耶，發現是真的。

其實一路上都在重新思考走路的真諦，或許路過的人會覺得我們用徒步的方式環島很特別，但是，我們從以前最原始的時候開始，不就是用雙腳在行走嗎？雙腳踩在地上那種踏實的感覺，一步一步的，就跟人生一樣，要扎扎實實地，靠著雙腳慢慢前進，或許速度不快，但是很充實，會有非常深刻的感受；沿途上的風景縱使之前看過千百遍，用走的看一次，每個景色也都好像是第一次看，臺二線這條路，

有種最熟悉卻也很陌生的感覺。

昨晚夜宿基隆友人的家，今早趁著天還沒亮，迅速的打包好行李，因為已經開始慢慢習慣開背包，關背包，越來越熟稔這樣單調卻異常有成就感的行為。告別友人，大步從基隆市區邁出，吸著早晨的空氣滋味，走起來格外輕盈，雖然細雨綿綿，但心想，這不就是基隆嗎？雨都的早晨，我們走向金瓜石。飄著綿綿細雨，為什麼不走濱海，要往山坡走呢？因為金瓜石值得我們這樣做。我們倆都沒去過金瓜石，但都去了九份N次，總是在九份停住，就不肯再往前一點，去看看另一個隱身在山城裡面的故事，這次一定要去！

路途中好像都要有些上坡，有些下坡，才會對這段路印象深刻，我們從不害怕走山路，有高低起伏，才能在最低處品嘗艱辛，在最高處享受美好，從一○二縣道接往瑞金公路，質樸的小城鎮使我們滿足，看著依山而建的山城，相較於海，這裡多了點綠色的氣味，一種樹繁而茂盛的氣味，不是海的味道。海的味道總感覺帶點思鄉之情，山城的氣味，就像一朵剛盛開的百合，用清新的香味告訴大家，歡迎來到這裡擁抱著我，在被擁抱的同時，你們也同樣被我擁抱。

A city of sadnesss，《悲情城市》這部電影讓世界知道這裡的美，隨之而來的變遷或許是必然的，但我們可以用另一種角度欣賞這種變遷過後的美，

樸素卻很亮眼。第一次踏上金瓜石，少了點人潮，多了份寧靜，紅磚頭與青苔伴隨著我們遊歷，古老的遺址與歷史讓這裡更添風采，遺址反映出曾經的繁華，當夜晚慢慢降臨，一盞一盞燈光乍現，整片黑夜像是被灑上金粉一般，看一眼就會戀上，再捨不得離開。

在走回民宿的路上，看見旁邊有位大哥像是在採集藥草似的，我們基於好奇以及第六感，覺得大哥必定非等閒之輩，麻糬立刻上前搭訕，問道：「大哥！你這裡種的是什麼特別的植物啊？」大哥轉身一臉驚慌的說：「我……我只是在除雜草……」我們倆趕緊以微笑化解尷尬，大哥也用笑容回應著我們，並開始與我們閒聊，氣溫逐漸下降，「到裡面聊吧，我泡杯咖啡給你們兩個喝。」大哥說道。

我們對他身後的這棟建築物深深著迷，斑駁的紅磚頭建築恰如其分的坐落在金瓜石的一隅，面對著蜿蜒的山巒，每到夜晚，燈總是亮的，彷彿有著給予旅人一點指引方向的功能，外表看起來像是咖啡店，但卻又沒有

招牌與店名，直到鄭大哥邀請我們入內，我們才確定這真是一間咖啡店。就這樣，我們遇見了一個在這裡努力過生活，眷戀著金瓜石的大哥，分享彼此的故事。

「這裡沒有店名，進來的人請隨便看，隨便玩，想喝杯咖啡時，再告訴我就好。」鄭大哥用開朗的語調說著，臉上總是洋溢著笑容，覺得他很享受這裡的一切，我們好奇為何他會自己一個人在這裡開咖啡店。

原來鄭大哥是臺北人，工作告一個段落後，就一直很想尋覓一個能夠盡情創作、屬於自己的空間，因緣際會下來到金瓜石旅遊時，或許真是命中註定吧！恰巧讓他看到了這棟建築，不到一分鐘，他就決定要把這裡當成自己生命中的祕密基地，原因也說不太上來，就是感覺吧。詩詞書畫、木工、煮咖啡樣樣精通的他說，這裡與其說是一間咖啡館，不如說是心中的天堂，每個角落所擺放的物品，聽著他娓娓道來，都是不同的故事。看著鄭大哥的眼神，是這樣地充滿熱情，使我們想起自己曾經也有一個所追尋的天堂，在裡面做著自己喜歡的事，儘管很辛苦，卻也很開心。但隨著年齡增長，卻使我

們逐漸遺忘所追求的天堂，只追求成為符合大家期待的人，我們都忘了，自己想成為怎樣的人。

在紅磚頭所堆砌的空間中，我們有沉思、有討論，有著更多想法上的交流，聊著聊著，我注意到桌椅旁放置一個不會動的時鐘，大哥發現我的眼神往時鐘方向看去，對我說：「你也發現了嗎？這個時鐘是永遠靜止的，但為什麼我還要擺在這呢？因為我希望來這裡的旅人，能夠暫時忘記塵囂，忘記時間，好好地靜下來喝一杯咖啡，仔細地觀看金瓜石的景色，用喝一杯咖啡的時間，將這裡的寧靜永遠留在心裡面。」

儘管才剛認識彼此，卻早已透過故事的連結，讓我們像是相識已久的朋友一般，談天說地著。大哥在談話間告訴我們一個讓他難以忘懷的故事，有個新加坡人，每年都固定要到臺灣兩次，且一定要到金瓜石住上一晚，為的就是享受這份無價的寧靜及感受臺灣人的人情味。但那個新加坡人的另一位好朋友，上次來臺灣時是跟著旅行團，對臺灣有很不好的印象，認為沒什麼好玩，只是一直在購物，東西又貴，來了一次就氣到永遠不想再來了。

我們聽了好難過，也好緊張。有些人認為臺灣很小，一下就能看完，以為他們跟團時所看到的就是真的臺灣。那些走馬看花的行程，不但無法將臺灣的美深植人心，還有可能會對臺灣的印象扣分，臺灣雖然不大，但深度是無窮無盡的，徒步環島後，看到每個地方的文化與特色，每個角落的故事，每個人情味濃厚的對待與真誠的鼓勵。旅行過許多國家，但臺灣依舊在我心目中保有一席之地，家鄉、母親、真誠的人，底蘊深厚，等著世界各地的人去品嘗，去享受。

金瓜石的夜晚真的很寧靜，彷彿就只剩下我們之間的談話聲，夜深了，我們捨不得離去，這棟建築以後會變成怎麼樣呢？或許以後會變成民宿，會變成藝廊，連鄭大哥自己也說不準，但他很認真的說，隨時歡迎我們再來陪他聊天，拔拔雜草也行！

Day 4～5

基隆→金瓜石

行走距離：13.2km

3/5 2013

登場人物：國光客運的司機，沿途加油的人們

雙腳跨越邊界的感動

這幾天走了好遠好遠的路，遠到自己從來沒想過會走這麼遠，會看得這麼多，會感受到這麼多溫暖的聲音，內心澎湃又好感動。每天將行李放下再背起，好像已經成為了一種習慣，彷彿這個背包就是你的生命一般，不顧一切也要將它牢牢背在身上，不管肩膀有多痛、腳有多痠，都一樣要與這個背包同進退。

太陽耀眼的令人無法直視，謝謝他，讓我們眼光專注的往前，將猶豫留在身後，讓勇氣伴隨著我們左右。路很長，思考的時間很多，看著自己正行走的這條筆直道路，以前從來沒認真想過，為什麼會有道路，從呱呱墜地開始到會用雙腿走路，我們理所當然地踏在平坦的道路上。今天邊走邊看邊想，路，是前人幫我們鋪出來，是他們犧牲奉獻我們才能有便

利的生活與交通，這條道路除了我們的汗水，還有更多人的付出與辛勞，走在這些路上，我們在欣賞美景的同時，更要懷抱著感恩的心，去向我們所踏過的路途道謝，邊走、邊謝。

我不禁想到，我們這個時代，已經很少有人會去探究、去感激某些值得感謝的人、事、物，因為這個時代有著太多的方便，就有著太多的隨便。其實，太多的容易是來自於多少的不容易，而我們卻常常選擇遺忘、忽視。這段旅程，讓我們重新認識到自己家鄉的土地，學習到謙卑。沿著濱海公路走著，遠遠看見「臺灣最東端燈塔」的告示牌，一心只想著要去那，站在臺灣最東邊眺望一望無際的太平洋，也不管步行進度有沒有落後就傻傻的往上走。那天的氣溫應該有超過三十度吧！以為就在不遠處的燈塔，原來是一段接二連三的陡坡，考驗著我們的決心，兩個人已經累到都不想講話，默默的一直往前走，滿腔熱血被太陽無情的打擊，越走頭越低，踏著沉重的腳步，朝三貂角燈塔走上去，經過了好久好久的奮戰，穿越旁邊全是墳墓的山路，千言萬語都難以形容抵達時的感動，我們終於站在燈塔上眺望太平洋，小小的成就感讓我們早已將路途的辛勞拋在腦後，靜靜地在燈塔上聆聽海的聲音，土地的聲響，我們成功征服三貂角燈塔，對於完成自己的夢想又更加篤定！

在三貂角燈塔瘋狂的拍照後，我們整理好行囊，繼續往前走，走過龍洞、澳底、卯澳、馬崗等等，有些地名甚至是第一次看見，儘管只是純樸的漁村，還是打從心裡愛上這裡的景色，在行經卯澳漁村時，許多大嬸在門口聊天，看見我們身上的「奇裝異服」，每個人的目光都轉向我們這邊，大聲的向我們問好，一個大嬸還很認真的詢問我們：「你們是在拍電影嗎？為什麼沒看到攝影機？」

這個問題是環島以來最特別的，令人印象深刻，剛好也走累了，就坐在大嬸旁邊，與她們分享著旅程，聽著聽著，其中一位大嬸感嘆地說：「年輕真好，看到你們能夠這麼有勇氣的追尋自己的夢，真的很替你們開心！」語畢，大嬸轉頭看向一望無際的海洋，眼神中帶著一絲絲的惆悵，或許這背後也有一段感人的故事。

線／限

走在濱海公路接近頭城的路上，一臺臺的客運經過，還在偷偷想著要是能搭車該有多好，忽然就有一臺客運停了下來。

該不會司機看我們太可憐，要免費送我們一程吧？馬克說

你想太多了吧，你沒看到站牌嗎？他只是因為有人要下車所以才停下來。麻糬說

真的能體會在沙漠中看見海市蜃樓的感覺，或許是累過頭，也或許是故意忽略站牌的存在，但下一秒鐘發生的事卻深深烙印在我們的心中。前方的司機先生將車停靠到站牌旁，不疾不徐地下車，攙扶一位老爺爺過馬路，微笑地目視著確認爺爺安全走回家時，才走回車上，繼續前往下個目的地。對司機先生來說是一種很直接、很單純的反應，但我們看到這個畫面時非常感動，並不是一定要看什麼大山大景，這種人與人之間幫助的感覺，才是我們想發掘、想追尋、想看到的，謝謝司機先生，讓我們今天看到臺灣最美的一面。

或許就是因為我們是用走路看臺灣，讓我們很容易被這塊土地上的人事物所感動，不怕身體疲憊、不怕腳有多痛，只怕錯過隨時發生的美妙瞬間，怕錯過一個友好的微笑，一個感人的故事。綿延不絕的海岸線，海風吹乾了我們的汗水，聆聽著海的聲音，就快到了，我們就要走出臺北前往新的縣市了。

好像有那麼一點驕傲，好似有那麼一點成就，我們倆高興的像個孩子一樣，跟著朋友分享我們終於要離開臺北，直到真的踏入宜蘭頭城，開心的拿著布條吶喊，一種源自於內心的感動浮上心頭，跨越了邊界，跨過一

Day 6～7

福隆→三貂角燈塔→頭城烏石港

行走距離：33.8km

條無形的線，也與自己的內心再次的喊話，千萬不要被自己限制住，踏出了第一步，才會發現長久以來真正阻礙自己實現夢想的敵人，就是自己。

這一次的跨越既是跨越新的縣市，也是內心上跨越自己的限制，眼前的標示已變成宜蘭段。臺北的回憶是迷人的，我們所經歷過的故事與臺北的氛圍是難分難捨的，但我們想要看到更多這塊島嶼的故事，第一次背著沉甸甸的行囊用走的跨越縣市，不知道會不會也是最後一次？這一次雙腳所踏過的土地，一輩子都忘不掉。逐漸地，走在街上行人變多了，替我們鼓勵的人也更多了，熱情是會感染的，有些人甚至在對向車道就詢問我們要不要搭便車，還特地迴轉過來詢問我們是否需要幫助，讓人好感動，走路的疲勞早已拋到腦後。

抵達頭城烏石港後稍作休息，跑到港邊的沙灘上漫步，在海岸邊眺望著龜山島，伴隨著夕陽在山邊落下，島與島就這樣低聲不語，靜謐地看著雙方，期待陽光灑下時的再次相會。

【宜蘭頭城】雕塑的是佛像，也是自己

登場人物：佛具雕塑家蔡大哥與其家人

宜蘭，晴朗的好天氣讓我們愛上這裡的一切，加油的聲音聽在耳裡，感動在心裡，沿著頭城、礁溪，一路繼續走著，我們看到的旅程總是出其不意的驚喜，愛上宜蘭的陽光，很簡單。溫暖中帶點人情味，也讓我們的環島更有動力。

這次環島我們有個夢想，希望能介紹一些平常不被人家注意，逐漸沒落的手工藝，將很多默默努力堅持手作的聲音讓更多人聽到。或許你我都看過、都使用過這些東西，但因為我們生在資源取得太過容易的現代，所以不會去思考這些東西從何而來？如何產生？

朝著礁溪的方向走，沿途有許多佛像雕塑工作室的招牌，但有一間特別吸引著我們，因為經過這間工作室門口時，看見白板上的文字寫著：

「成功的便捷門，是要靠平日一磚一瓦努力的」。

就是這句話使我們想也沒想就朝工作室內走進去，雖

憑著經驗反覆將模版內塗滿樹脂

然老闆不清楚我們的來意，但還是熱情地招呼著我們，聽完我們的環島理念以及我們的決心，他很開心的與我們分享著關於佛像的雕塑過程，而我們，也第一次接觸到新的領域，抱著學習的態度，仔細聆聽著老闆堅持的態度及理想。

新靈魂

這裡的佛像主要是供一貫道道場使用，材質多是玻璃纖維（FRP）。玻璃纖維是一種以二氧化矽為基本材料，利用擠壓或拉長等技術形成半徑極為纖細，似纖維的玻璃複合材料。雖然利用溫度改變來加工玻璃的技術已經有數千年歷史，但是約於一八九〇年代，玻璃製造者才研發出玻璃纖維並廣泛地應用在紡織業。

昨天才剛開完刀的蔡老闆告訴我們，這是他們世代傳承的事業，我們在老闆身上看到滿滿的活力與熱情，兒子剛退伍也回來幫忙，整個家族同心協力的傳承著手藝，每個人負責不同的部分，上色、塑型、上漆、所有程序都井然有序的分配著。

老闆的兒子易倫進行的第一個步驟，是將模版內反覆地塗滿樹脂，這項工作不簡單，必須憑經驗讓樹脂平均布滿整個內層，不斷地翻動模具，並且要搶在時間內附著均勻，否則一旦定型就相當難處理，跟我們分享的過程中，易倫的雙手持續的將樹脂塗入模子內，並且不斷地翻動，聊天之中得知他對這個行業是很有想法的，他希望能將這項技藝結合觀光，讓更多人了解佛像製作的過程與體驗學習，將古老技藝注入新靈魂。在他堅定的眼神中，我們看到更多關於傳統手工藝的未來。

第二個區域是蔡老闆所負責的上色，一尊一尊的佛像以莊嚴慈祥的面容，等待著將色彩注入其中，樂天知命的蔡老闆用樂觀心境去面對挑戰，同時也讓我們上了一課，恐懼不是別人給你的，而是你自己所賦予恐懼生命；換個心境去面對難題，自然而然就能化解難題！

第三個區域是接近成品的部分，由叔叔負責描繪人物的細節，運用不同的色彩與力度，讓每尊佛像有著栩栩如生的神情與形態，再細心的慢慢將金箔貼上，大致上接近完工。

採訪過程中，蔡老闆的雙手也沒停過，看著他聚精會神的替佛像上色，力道拿捏地恰到好處，我們還記得那天太陽很大，工作室內所有人早已滿頭大汗，但沒有人停下來休息，每個人還是堅守崗位將自己負責的任務完成，蔡老闆輕描淡寫地說：「這世界上的工作，有很輕鬆、也有很辛苦的，假如每個人都挑輕鬆的去做，那麼誰來做辛苦的工作呢？所以我們辛苦一點，讓其他人能夠輕鬆一點，但至少我們辛苦得很開心，這樣就很足夠。」

謝謝蔡老闆全家人讓我們知道傳承的重要與感動，徒步的同時，我們也在「尋找傳承」，在尋找傳承的過程中，成長也隨之而來，讓我們也能透過徒步臺灣看得更多，學得更多。走在宜蘭熱情的道路上，期望著明天的旅途能夠更加精采。

Day 7

烏石港往羅東途中

3 8~9 2013 登場人物：一男

蘇澳↓東澳

跟我一起走吧！愛恨交雜的蘇花公路

擁有完美曲線的東澳灣

沿著冬山走到蘇澳，準備在此休憩一晚，隔天就要挑戰蘇花公路了！

說不緊張是騙人的，每次在電視上看到蘇花公路的新聞，不是有意外發生，就是路段因安全考量封閉等，都是比較負面的消息；因為這條路線的風險相對較大，先前告訴朋友我們計畫要走蘇花公路時，大家也都苦口婆心的勸我們改走別條。但緊張歸緊張，幾個月前路過蘇花公路時所看見的湛藍大海，至今想起來仍然記憶猶新，危險嗎？一定的，但放棄對我們來說不是選項，所以也沒有多做猶豫，就是要走蘇花公路！

快走到蘇澳時，早已看到冷泉的招牌四處林立，

到蘇澳要泡冷泉嗎？麻糬間

全身痠痛我比較想泡溫泉耶！馬克說

那蘇澳有溫泉嗎？麻糬說

不知道耶，蘇澳除了冷泉還有什麼呢？馬克說

原來我們對蘇澳的認識其實很少很少，冷泉是唯一的共同印象，從來不曾在此停留過夜，每次行經此地總是匆匆而過，但這次選擇停留，透過民宿老闆的介紹，好好重新認識蘇澳。

「假如可以，真的很想跟你們熱血一次，人生就應該是這樣揮灑！」蘇澳九廊民宿老闆一男誠摯地對我們說。多虧有他的照顧，在蘇澳的時光過得很充實，剛見面時總覺得他有點太靦腆，還一度懷疑他是否真的是民宿老闆，後來透過聊天，才知道他也是個熱血的追夢人！一男原本是位廚師，放棄工作因緣際會下在蘇澳定居，開始跟當地人了解蘇澳，慢慢地，他發現這裡不只有冷泉，還有很多故事、景點能夠跟大家分享，於是決定在這裡開民宿，好讓旅人能夠稍微停下腳步，好好地認識蘇澳。

1. 怵目驚心的蘇花公路
2. 南方澳的夜

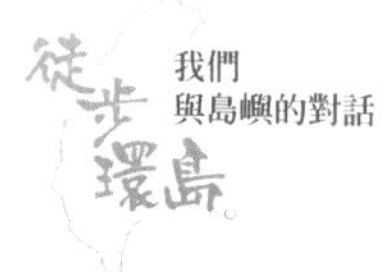

但一開始他歷經無數挫折，由於民宿地點離火車站還有一段距離，位置的劣勢使得到訪旅客寥寥無幾，「有時說不定好多天才有一個旅客入住，夠慘吧！」一男微笑地跟我們說著。

但是他沒有放棄，努力找尋機會，透過網路上的行銷及實體宣傳，加上近年來環島旅行的興起，這裡逐漸成為旅人探訪蘇花公路時能夠好好休息補充電力的一站。看著他親力親為張羅著民宿的一切，放棄原本的工作而投入經營民宿，親切介紹蘇澳與南方澳的各個景點，我們看見努力不懈的美好。他總是微笑面對旅人，對自己的工作樂在其中，他說他從沒想過要放棄，因為做著自己喜歡的事，再辛苦都值得！讓我想起了印度詩人泰戈爾的詩，描述魚兒在水中游著，鳥兒覺得魚兒會喜歡在天空中飛的感覺，便將魚兒叼起，讓魚兒能夠在空中飛舞，卻不知道魚兒真正喜歡的是在水中無拘無束的感受。

現在的一男就像是在水中悠游的魚兒一般，將熱情投入在工作上，將蘇澳的美景帶給更多的人；沒有環島，就沒有這些故事，而這些故事，也會在我們的生命中，留下最甜美的回憶。

掰！慢慢走

在蘇澳稍作停留之後，今天就要往蘇花公路邁進了，抬頭看著山壁上蜿蜒的公路，似乎看不見盡頭，原來這就是蘇花公路啊，我故作鎮定地說。

今天旅伴麻糬要回去臺北主持婚禮，只剩我自己一個人行走，說真的還有點不習慣，兩人的默契早已藉由長距離的行走而越來越好，但還是必須馬上調整好心態，一大早吃完一男準備的美味早餐後即啟程，一男載我到蘇花公路的起點，在車上閒聊時，熱血的他說也想跟我一起走，我也就隨口答了一句：「好啊，兩個人走比較有趣。」只見他欲言又止，最後還是說要回去整理房間，放我在公路前下車。

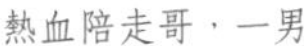
熱血陪走哥，一男

南方澳，風箏衝浪

看著蘇花公路的告示牌，這是我第一次與蘇花公路相遇，早已耳聞這條公路的險峻，一臺臺砂石車在公路上疾駛而過，提醒自己必須要更加小心，更謹慎！入口前的公路段工程人員看著我的背包緩緩向他走近，兩眼張大問了我一句：「要用走的？」我回答：「是啊」，工程人員給了個大拇指加上一句拉了很長的：「掰！慢……慢……走啊……」，更加深我的恐懼，但還是與自己信心喊話，只要堅持，一定能完成的！

這一段路算是徒步環島開始後第一個難關，不再嬉鬧，認真的配合著呼吸與節奏，回憶起以前登山的步調，很規律的往前走，約莫十分鐘後，一男打了通電話問我在哪裡，我說在蘇花公路上啊，正在疑惑他為何這樣問的同時，從電話那頭傳過來的聲音讓我又驚又喜，他說他在我後面，要陪我一起走，本來因為要走這段而有點緊張的心情，瞬間放鬆了不少。

緊貼著山壁行走，一來一往的車彷彿在告訴我，它們才是這裡的主人，像賽車般的砂石車，迎面而來的感覺相當震撼，若是一個不小心，或許就會發生意外，壓力與疲憊無情的朝著自己而來，雙腳走著走著還會微微發抖，但我內心知道，一切的考驗都是一種突破自我的機會。

Day 11

蘇澳→東澳

行走距離：17.1km

我們兩個一搭一唱，最困難的上坡路段已經克服，步伐逐漸不再這麼沉重，開始朝著下坡路段前進，在第一個休息的地點稍作停留，終於看到魂牽夢縈的東澳灣，雖然疲憊造成內心的倦怠感，但看到東澳灣的微笑曲線時，早已忘記疲憊，圓弧形的海岸線彷彿是在對著路過的我們微笑著，原來，這就是太平洋，湛藍得不可思議，忽然很慶幸自己是用走路的，可以一直停在同一個位置，讓海灣融入心靈，美麗的臺灣，隱身在此的東澳，像一個孑然一身的隱士，孤傲卻不寂寞。

兩個人就這樣順利地抵達東澳，雖然距離不是很遠的一段路，但回憶真的很深刻。

這條公路真的很美，用徒步的方式更能感受到這種壯麗之美！一男說

下一次，我們再一起征服另外一段的蘇花吧，不過你不能再用整理房間當藉口逃避唷！馬克說

一段路的終點，是另外一段路的起點。下一次還會想用走的挑戰這一段的蘇花公路嗎？是的！初見到東澳海灣的感動，會一直持續在我心裡！

【宜蘭蘇澳】一朵朵低調的纏花

登場人物：蘇澳纏花工作室黃大哥

記憶與技藝總是在時間的推移中逐漸逝去，我們的追逐夢想的勇氣也是一樣，很多人在路上遇見我們的人，對談之中看到了我們的背包這麼重，問說我們之前有沒有背著試走看看？

麻糬微笑了一下回答道：「假如我們背著這樣的重量試走，或許就不會踏出走路環島的這趟旅程了。」兩個人都很有默契的沒有在行前進行任何負重訓練，說是魯莽也好、不怕死也好，走了再說！從決定要環島到成立粉絲團、印製名片等行前的計畫，就已經在告訴大家我們做這件事的決心，做出承諾的同時，便已經在追逐夢想了！在一本書上看過一句話：「對於承諾的畏懼，通常就是去履行承諾的原因。」畏懼，使我們更強大。

逝去的記憶・技藝

有些傳統，我們不曾想過要去維護，或許，我們連滑手機，傳訊息的時間都不夠了，哪有辦法去了解這些所謂傳統的事物呢？這些快遺忘的珍貴，我們想了解，想傳達，想保存！追尋所謂逝去的回憶，同時也是在追尋未來的可能。

纏花，一個浪漫的文化技藝，用絲線與感情纏繞交錯，圍繞出來的藝術品，結合剪紙、編織和刺繡的工藝技術，需要耗費大量的時間製作，製作者也要非常的有耐心、細心，在繁忙的現代社會中，隨著時代的推移，在工廠大量生產塑料花的優勢下，此項技藝已瀕臨失傳。

這次透過一男的介紹，前往蘇澳堅持製作手工纏花的工作室進行採訪，一進門就見到各式各樣的纏花作品，黃大哥聽完我們的來意以及環島的目的，很感嘆的說：「真的很高興有人願意注意這些即將失傳的手工藝，尤其是年輕人。」麻糬鼓勵他們：「這些值得珍惜的美好事物，絕對不能因為時代的變遷而消失隕落！」

透過黃大哥仔細地介紹，逐漸了解纏花工藝對早期臺灣農業社會的重要性，這項技術是當時婦女日常必學的手工技藝之一，

慢慢的纏，才能均匀漂亮

象徵婦德，且每一位新娘要出嫁時，都必須配戴頭飾，頭飾的造型不同也象徵著不同意義，由此可知道纏花呈現出的不只是漂亮的作品，同時還具有許多深層的內涵。

如何將傳統技藝與現代文化做結合，做出實用、具有設計感，能讓大眾所接受的纏花產品，是黃大哥他們不斷努力的目標。透過重新定義與設計，工作室經常推出新的纏花作品，就是希望能讓更多人知道纏花這項工藝。

趁著這次的採訪，我們自己動手做了一次，就發現這是一個極需要耐心與專注的技藝。（麻糬很賤的說，因為我手殘動作慢比較好拍，所以就由我來動手做……）從最簡單的開始做起，將厚紙板裁切成各種形狀，搭配銅線為骨，挑選適合的線與材質，一圈一圈地將線纏繞在上面，纏繞的時候必須很細心，線與線之間不能完全重疊，但也不能分太開，線距必須以半重疊的方式纏繞。每種線的材質特性都不一樣，纏繞者必須很清楚線的特性，加上形狀的變化，複雜性會大增，是一個需要時間、耐心，與毅力的手工藝，快速現代化的今天，老闆與老闆娘想要將古典纏花融合現代的設計元素，做出像是

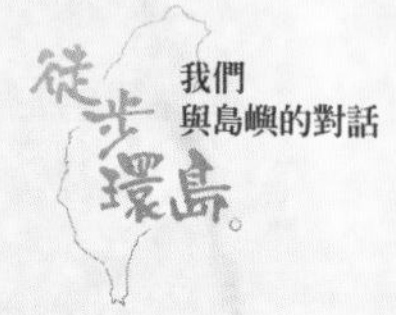

耳環、髮圈等等的裝飾品，並且給了一個很美的名稱，東方纏。

製作過程中，馬克問黃大哥：「在創作過程中遇到瓶頸時，從未想過要放棄嗎？」黃大哥苦笑著說：「這是歷史傳承下來的故事，也是代表臺灣傳統文化的精神，放棄嗎？從來沒有這種念頭，但是擔心是有的，深怕這項文化無法繼續傳承。」

希望能多遇見像你們這樣勇敢的人，為了延續傳統而努力在臺灣這塊土地上行走，我們的堅持就會更有意義。黃大哥說著

其實，真正勇敢的人是你！我們齊聲說著

纏花纏出各種不同的圖形，代表著不同的意涵，有母親專用、媒人婆專用等等的髮飾，一圈一圈纏繞出來的藝術品，更能緊緊的將人們的心，纏進去，這是機器所無法做到的，我們希望黃大哥夫婦能夠繼續將靈魂與感情纏繞進去，讓這項手工藝得以傳承。他們對於手工的堅持，源自於對自我的承諾，或許手工會畏懼現代機器化的衝擊，但，畏懼促使他們堅持，我想我們也是，是時候去享受一下畏懼的感覺，去履行自己在人生的承諾，永遠不會太晚！

Day 10

蘇澳市區

3/10 2013

登場人物：雜貨店阿嬤

東澳 最美好的一件事，叫做簡單

你知道簡單的定義是什麼嗎？現在的我……好像回答不出來。

已經習慣都市快步調、且相對忙碌的節奏，我們對簡單的定義好像很模糊，是不是沒有這麼複雜，就叫做簡單呢？好像是吧？但在東澳的土地上，我發現其實不是，原來簡單的生活可以很容易。剛抵達東澳的那個下午，口渴難耐的我在雜貨店買了瓶水，雜貨店老闆娘看見我背著如此大的後背包，加上整個人黑黑髒髒的，不加思索的就說：「想不到我們這裡也會有泰國人自己來旅遊。」

我不動聲色地將水拿到櫃檯結帳，並用臺語向老闆娘說「阿嬤，哇系臺灣人！」阿嬤聽到後淡定的露出微笑，「歹勢歹勢！」我們就這樣在雜貨店裡面聊起天來，阿嬤熱情地推薦我一定要到粉鳥林海灘，她說能夠坐在海灘前，看著海水，聽著海浪的聲音，有

時候早起，走到海邊散散步，看著太陽緩緩升起，真的是這世界上最美的畫面。

說完後，她問我是哪裡人，我回答臺北。喔，就是那個大家都走很快，很多高樓大廈的臺北啊！阿嬤說。她說她曾經到過臺北，但第一次去就被捷運站的路線圖以及數不清的地下道搞得暈頭轉向，她向我直呼：「實在是太複雜了，難道就不能簡單一點嗎？」

這番話讓我重新思考「簡單」的意義！阿嬤說她是鄉下人，沒有辦法住到都市去，她覺得都市人都活得太複雜、壓力太大，每天才會有這麼多的社會新聞攻占報紙版面，但在東澳這裡，我看到阿嬤重新定義簡單，她提醒著我不要忘記旅行時這種的單純生活，我才驚覺，自從開始旅行後，才發現原來真正需要的東西很少，兩件衣服，一個大背包，裡面放著一些簡單的物品，好像就很足夠，旅行越久，需要得越少！

以後隨時都能回來找她聊聊天，若在雜貨店內沒有看到她，大概，就是坐在粉鳥林的海灘前看著海水發呆吧！阿嬤打趣的說。

太平洋的思念

坐在粉鳥林海灘前，陽光灑在海平面上，好多種漸層的藍，搭配浪花進退之間的協奏曲，人會完全的放鬆，回到最原始的狀態。

正在無止境放空的同時，有位開著吉普車的大哥停下車，慢慢地走到我旁邊，他抽著菸望向大海，我已經忘記是誰先開口說話的，只記得他說：「太平洋，是思念的海。」

他總是一個人開車到這裡，靜靜的思念在美國西岸念書的女兒。兩個人坐在海灘上，時而說話、時而沉默，最後有默契的一起起身，他對我說了聲「加油」就兀自開車離去。留下在海灘旁的我，謝謝他簡短的祝福！

經過了蘇花公路的洗禮，兩條腿彷彿不是自己的，又或許是之前所累積的疲勞一次爆發吧，膝蓋與小腿用著警告的口吻告訴自己需要休息，此時我們所帶來的痠痛藥膏就派上用場！

為了避免任何意外阻礙我們前進，這次出發時準備的相當齊全，有麻糬專屬按摩師小馬所贈送的藥膏及貼布，以及從日本帶回的紓緩痠痛貼布，有時候兩個人晚上休息前，都會不約而同的開始在身上塗塗抹抹，成了我們旅行共同的回憶。

這樣的畫面真的很有趣，像是例行公事一樣，好好的讓我們的雙腳休息，我們知道，還有很長的一段路要走，這些看起來繁瑣的小事，對我們來說是相當重要的大事，一番塗塗抹抹後，藥膏與貼布同時發生作用，涼涼的感覺竟成了環島最深刻的記憶之一。

東澳特產．紅頭吻

3/11 2013

登場人物：水田屋民宿老闆&老闆娘、張大哥

南澳生態教育館

西元一九三八年秋，泰雅族發生一起可歌可泣的事蹟，利有亨社少女沙韻•哈勇為送日籍老師出征，遭遇暴風雨，不幸失足掉落南澳南溪而殉難，當時臺灣總督為表彰沙韻事蹟，特頒贈了一只鐘給利有亨社，以資紀念，這只鐘就稱為「沙韻之鐘」。

本文內所提到的沙韻，採用與《找路：月光．沙韻．Klesan》書中同樣的中文翻譯，僅此紀念作者林克孝先生。

從東澳前進，抵達有點陌生卻又有點熟悉的南澳，陌生是因為每次來到這裡，都只是當成一個休息點，從未深入部落探訪；熟悉是因為在環島旅途出發的不久前，恰巧看完林克孝先生所寫的《找路：月光．沙韻．

Klesan》，深深對書中的沙韻故事感到著迷。

透過林克孝先生的身體力行，沙韻之路慢慢拚湊出來，再次呈現在世人面前。也使我嚮往神祕的南澳。沙韻的故事是那樣的浪漫與悲悽，藉由這趟徒步旅程，也許得以一揭南澳面紗。

當我們還沉浸在沙韻之鐘的故事裡時，沿途也逐漸轉換成狂野的綠，如詩如畫的景色在這裡互相激盪出最亮麗的火花，上帝的調色盤將綠色的顏料過分地灑在這片廣袤的田野上，這片土地上的人也欣然接受這種恩賜，將這裡裝扮的井然有序，自然田的生命力在這裡萌芽，生態教育館內的樹種為全臺之冠，一層層的山峰往後堆疊，眾山默默地監督與觀賞，在這片綠色大地上，我們透過田的指引、樹的提醒、山的叮嚀，找出一條通往南澳的道路，不需言說的自然景觀，綠色土地上，每個人彷彿活力無窮，生生不息。

李大哥是南澳水田屋民宿的老闆，等到一放完行李，他便熱情的帶我們參觀他所種植的植物，還有採取自然田耕作方式的稻田，在這裡也是第一次聽到自然田這樣的概念，透過李大哥的解釋，了解這種耕種方式是採取無農藥、無肥料添加，他們透過嘗試，想要與自然的對話，尋求在地永續的自然農法。

自然農法耕作區

李大哥的丹田相當有力，每句話都有一種特殊的穿透力，看得出他對自然田的成果是滿滿的喜悅，他們希望能與自然一起共存共生，很多來換工度假的年輕人也在此學習自然田農法的堅持與永續的經營，讓我們看到很多希望的種子在這裡播種，期待著他們的萌芽。

我們所學習的一切，都與自然脫不了關係，是自然造就我們的一切，而我們總是在傷害著它無私所給予我們的禮物。近年來越來越多人透過自然農法栽種作物，希望能夠透過最自然的方式與土地共生，李大哥有感而發地告訴我們，雖然導入自然農法相當不符合成本效益，常常種的東西又醜又小，拿到市場上賣相不好，相對投入的心力卻要更多。但是他從來沒有後悔採用自然農法耕作，因為「你尊重土地，土地同時也會以尊重回應你。」

李大哥接著說：「正向的能量是會聚集的，就像每一盞微弱的燈光聚集在一起，一樣能夠很耀眼，我們需要尊重自然，因為它是我們的所有。」

看完自然田，逛完生態教育館，我們本來打算在房內休息，隨便煮個泡麵當晚餐。結果回到房內不久，就聽到老闆娘大聲喊著我們的名字，還以為發生什麼急事，原來是老闆娘熱情的邀約我們與李大哥的好朋友張大哥共進晚餐。

很簡單的一起吃個便飯，內心卻很暖和，說不想家是騙人的，水田屋讓我們有種回到家的感覺，在餐桌上與他們分享環島的故事與感動，我們似乎都變成熟識很久的朋友一般，旅人總能夠容易地進入相同的頻率，人與人之間不再有語言、年紀、思想上的隔閡，只有單純的分享與傾聽。李大哥仔細的給予我們之後行程的建議，細心幫我們規劃路線，在這片被綠色包圍的大地上，我們用歌曲紀念在這裡的夜晚，看著李大哥與老婆兩人深情的跳著華爾滋，聽著張大哥說著花蓮的土地會黏人的故事，我們對未來的旅程又更加的期待。

今晚，南澳的月亮又大又圓，好似有兩個月亮，月亮應該只會有一個，另一個是自己內心所反射的在天空上的，在這片星空下，我們用〈山頂的黑狗兄〉這首歌慶祝抵達南澳。

隔日早晨，帶著奢侈的愉悅醒來，多久沒被蟲鳴鳥叫聲所吵醒了呢？我們被吵醒了，但是，嘴角是微笑的，這最自然不過的鬧鐘，在忙碌的都市生活中是相當少見的。愉悅的早晨，在民宿老闆與老闆娘的熱情招呼下，開始往下一個夢境走去。

Day 12

東澳→南澳

行走距離：11.9km

南澳的山，見過一眼就忘不了

3/12 2013

登場人物：和仁部落的大姐、環島勇士們

和仁→花蓮新城

太平洋的海，是世界上最美的海

太平洋的海能有多美？在我們親眼見到時，就知道答案了。

好快，十幾天就這樣過去了，沿著蘇澳、東澳、南澳、澳花等一路走下來，每天行走前習慣地互相打氣，穿好護具，迅速將背包打包，雙手雙腳活動一下，今天準備前往名聞遐邇的清水斷崖。

從和仁部落開始出發，當然，太陽一樣很賞臉，只要我們背上背包一走，太陽就耀眼的像是替我們歡呼般，心裡當然嘀咕著該死的陽光，但看在他把太平洋映照著如此動人，卻是開心的，相機快門不停歇的希望讓每秒的景色保存永恆，遙望著蘇花公路下的太平洋，好藍，這種藍是動態的，每分每秒都牽動著我們的心，眼尖的我們看到海岸邊坐著一個人好似在釣魚，不知道他如何下去，從何下去，只羨

走在線溝中

獨自享受太平洋的釣客

慕他能夠獨享這片大自然所恩賜的禮物，在動態藍的海水邊，躺在大石頭上，眺望整個世界。

這段路的確不好走，砂石車還是一樣很多，加上背包很大，每次聽到遊覽車或砂石車聲音時總是會提醒自己要小心，但由於車輛實在是開得太快，後來決定聽從南澳民宿老闆李大哥的建議，走最旁邊的線溝。

兩個人都在想，一輩子可能就走這一次線溝吧，旁邊的砂石車呼嘯而過，心裡多了份踏實，畢竟都走在線溝上了，應該不會再來欺負我們了吧！聽著落葉被我們踏過產生的吱吱聲響，走在狹窄的線溝內，一邊擔心旁邊的山壁會不會有落石突然掉下來，另一邊路上的沙塵還是毫不留情往我們的臉上飛撲，但我們似乎越走越開心，因為沿途的壯觀景色早已將緊張的心情一掃而空，畢竟，我們走了正常人根本不會去走的路，跟我們的旅程一樣，選擇了一條艱難的路，但走了之後才發現，這也是最美的一段路。

看著我們這樣走，碰巧經過的和仁部落大姐直接送我們一整瓶石壁草汁，喝下第一口時簡直覺得生命重新獲得救贖，充滿能量。好奇地問大姐怎麼會在正中午的時候經過這裡，大姐說她們固定這個時候都會在蘇花公路上騎車撿垃圾，希望經過的人看到的是最純淨的景致，「反正我們也可以順便運動啊！」大姐打趣地說。

簡短的聊了一下，大姐們說要繼續出發維持蘇花公路的環境了，於是便向我們告別，兩個人就繼續騎著車，默默地付出守護這條公路。

隧道是走在蘇花公路上最大的夢魘，我們在隧道口前評估著，由於背包太寬，思考適不適合用走的通過，本來還是決定走過去，頭燈也帶好了，在隧道前左顧右盼了幾分鐘，還在猶豫要不要進去時，馬上看到一輛砂石車以高速進入隧道，基於我們還想活著繼續把臺灣的美看完，在某些隧道我們還是決定攔便車通過，臺灣人果然熱心，馬上就讓我們攔到一輛車，帶我們順利闖過隧道大魔王這關。

我很喜歡從隧道的黑暗之中看向遠方出口，彷彿黑暗終結，迎向光明，同時也克服恐懼。繼續在蘇花公路上走著，在這裡遇到好多正在環島的朋友，

謝謝大姐們的石壁草汁

大家都來這條公路朝聖，單車環島、摩托車環島、徒步環島等等好多追逐夢想的人們在這裡相遇、相知、相惜，大家互相打氣加油。剛出了匯德隧道不久，前方就有兩個騎腳踏車的小朋友用天真無邪的語氣對我們喊：「加油！」看著他們拚命踩著腳踏車還要一邊替我們加油，真是可愛極了！後面緊跟著他們的是爸爸媽媽，一問之下原來是全家一起來單車環島，爸爸停下來與我們聊天與拍照，我們很好奇這麼小的小朋友也願意在太陽下騎著單車，而不是選擇窩在家打電動？

爸爸說一開始他們也很排斥，第一次單車環島還是硬逼才願意的。「但這是我的堅持，我要讓孩子從小培養運動的習慣，還有多接觸大自然，總比每天盯著電腦螢幕好！所以每年都會帶著全家一起單車環島，我喜歡記錄他們在環島過程中逐漸成長的點點滴滴，第一次遇見其他單車環島的夥伴時，我叫孩子們對那些勇士喊加油，學習大方地鼓勵別人；現在，他們已經將鼓勵變成一種自然的反射動

作，只要見到熱愛臺灣這塊土地的夥伴，他們的聲音總是能先到達，給予旅人們溫暖。」爸爸開心的說。

休息了一會，可愛的家庭向我們揮揮手，繼續踩著腳踏車出發，看著他們離開的背影，那些孩子們的加油聲卻早已永遠留在我們心中。蘇花公路的險峻不但沒有使人退卻，反而讓更多來自不同地方的旅人前來挑戰，也因為這條公路，讓我們與許多勇士相遇、互相鼓勵著！經過清水斷崖時，猜想眾旅人的目光一定時常匯集在它身上，每一道思念、每一份感動，都留在這，永不停歇的傳承故事，再藉由大海傳遞的更遠，將臺灣的故事傳達到更多地方、更遠的世界！

不經一番寒徹骨，焉得梅花撲鼻香，終於深刻體驗到古人所說的話是多麼地有道理。經過一番波折後終於踏到花蓮縣新城鄉，我們也即將往下一個旅程前進，太魯閣國家公園，著名的中部橫貫公路就在那邊，我們都是第一次去太魯閣，抱著非常期待的心情以及汗水溼透的全身，繼續走。

1. 在蘇花遇見你們很開心

Day 13

和仁→花蓮縣新城鄉

行走距離：17.8km

3/13 2013

登場人物：國小學生

新城太魯閣

太魯閣的瘋狂峽想

今日沿著蘇花公路走，即將到達花蓮北端的新城鄉，在這裡休息一晚，就要前往舉世聞名的太魯閣國家公園了！

好奇心早已將我們的疲憊沖淡，小時候常常聽大人講著太魯閣有多美、多壯觀，總是聽別人描繪，聽到以為自己曾經到過，綺麗的風光在往返的人們耳語之中慢慢勾勒出畫面。不過，當自己親眼看到、用著自己的雙腳親自到達時，那心中曾聽聞的故事，那模糊的景象早已消散，對於太魯閣的峽想已獲得最真實的體會。

我們沿著中橫牌坊出發，一路上經過了長春祠，然後又往天祥的方向過去，經過了布洛灣、燕子口、綠水直到天祥，在路途上見識到太魯閣國家公園的天然景觀，兩個人的內心早已澎湃不已，從高處望下，陡峭的石壁上布滿著瑰麗的色彩，眼光從平視往下移動，越來越深的峽谷讓雙腿有點在顫抖，伴隨著熙來攘往的人群，我們靜下心感受著風的吹拂，聽著在山谷的聲響，看著兩個峭壁之間夾成的一線天景觀，

有禮貌又貼心的學生

女超人用盡力氣

所有的一切都有點不可思議，在這個地方開鑿出公路，讓人們在這上面見識到大自然最驚心動魄的景色，抱持著感謝前人開鑿此條公路的心，繼續往上前進！

到了天祥後，下面的溪谷中有著許多小石頭所排成的文字，有祝福、有紀念，熱血的麻糬嚷嚷著也要下去排出我們環島的紀念，轉身就已經看到她義不容辭的衝下去，準備用石頭將我們環島的天數排列出來；當然，我就乖乖的站在上面準備拍照，看著麻糬在底下，東撿一顆、西撿一顆，從另一邊搬到這邊，時不時抬起石頭、放下石頭，看著看著手都痠了，只見麻糬後來也學聰明將石頭一顆顆直接用丟的聚集在一起，不到一會兒的時間，抱著虛脫的雙手，在太魯閣上留下一段美好的回憶。

隔天前往砂卡噹步道，兩個人嘰哩呱啦的聊著，沿途拍攝著許多的影片，這些都是珍貴的回憶，麻糬的夢想就是希望能夠透過這次環島，藉由每個故事、每段行經的道路，剪輯成一部關於臺灣的紀錄片，讓更多人看見真正的臺灣！

沿著太魯閣的步道而走，我們看見很多參加校外教學的小朋友，由志工講解著生態、地形、文化等相關知識，讓小朋友走出戶外，伴隨著互動之間知識的傳遞，讓他們能夠了解更多臺灣真正的美，想起以前我們的校外教學總是到各個遊樂園去遊玩，玩過也就忘記了，不會有什麼特別的感覺，現在反而羨慕這種校外教學，不但能讓學童的感情更加親近，對於自己所生長的這片土地也有更多的了解。

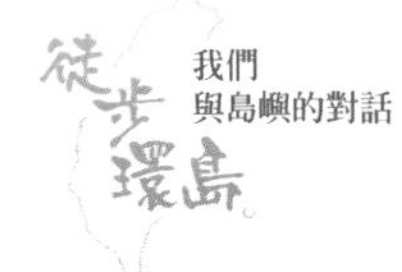

經過五間屋時，每個班級的小朋友都很自動自發的向五間屋的店員打招呼並且問好，很簡單卻很溫暖。就是這種小小的溫暖，慢慢地累積成大大的感動，我們想做的事也是這樣，希望能透過我們所傳遞的溫暖，讓更多人也願意提供簡單的溫暖，當溫暖聚集起來，是很容易能感染他人的，我們也希望自己朝著這樣的夢想邁進！

精采的峽谷使我們印象深刻，還有遇見這些小朋友，聽到他們溫暖地問候，以及所有開鑿出中部橫貫公路的前人們，沒有你們，就沒有太魯閣國家公園。這些小故事、小感動，讓太魯閣的美更添幾分色彩！

Day 14

新城太魯閣國家公園

【花蓮新城】祖靈之眼

登場人物：馬大哥、Hobi

在我們尋找傳承的旅途中，其實是非常耗費心力的，每天平均走二十至三十公里的距離，加上拍攝照片，記錄旅途，以及採訪後的整理與書寫，常常都是半夜才能睡覺，曾經一度迷惘是否還要繼續尋找傳承的故事。

但每次才剛有這個念頭，我們就會互相提醒著對方，記錄與傳承這些即將失去的文化，能讓更多人知道這些故事是我們的初衷，所以兩個人聊完天後，迷惘也消失了，還是要繼續努力的找尋，傳承。

我們刻意避開最有名的燕子口與長春祠，那裡早已被一臺又一臺的遊覽車填滿，在毫無限制的開放下，國家公園內充斥過多觀光客，生態與觀光的危險關係已經失衡，讓我們決定走向比較冷門的路，位於太魯閣國家公園管理處旁的砂卡噹步道。

沿著砂卡噹溪緩緩而上，一旁還有陡峭的石壁，沿路

都沒有任何建築物，直到我們看到矗立在步道旁的「五間屋」*，一位賣玫瑰石的大姐熱情的開始跟我們介紹玫瑰石的特色，她聽到我們是走路環島時，驚訝之餘又很替我們開心，覺得年輕人就是要有這股勇氣，還請我們吃當地種的香蕉。此時我們看到旁邊屋子內的馬大哥專注投入在織布之中，還在猶豫是否會打擾到他時，馬大哥反而主動站起來向我們打招呼。我們好奇的上前詢問，爽朗的他立即停下手邊工作，熱心的向我們解釋使用織布機的方法，各種作品所代表的意義等。參觀五間屋內所呈現的作品，大多有著共同的圖騰，我們好奇地問著馬大哥這裡面的作品都是用這臺織布機做的嗎？馬大哥說：「這裡的作品都是，但工作室中還有比較大型的作品，那種要用更複雜的織布技術與織布機。」

隨後馬大哥又繼續投入織布，「我邊做，你們邊問。什麼問題都可以問唷！」馬大哥親切地說。看著他靈巧的雙手在織布機上來回重複的動作，專注的眼神，我不禁問道：「這些圖騰真的好美，配合馬大哥的巧手，每個作品都是獨一無二的，但是，從來沒有想過用機器來生產嗎？」馬大哥說：「這些作品就像是我的孩子，將他們慢慢完成是我的使命，專心地做好一件作品，比賺很多錢重要！」

聽完好感動，馬大哥則笑說這沒有什麼了不起的，只要是太魯閣的族人，都會努力發揚祖先所傳承的技藝，後來又提到關於馬大哥位於中橫

改良過的大型織布機，讓織布的工藝呈現更多元

牌坊附近的工作室，他也非常熱情的邀請我們晚上一同到工作室參觀，向我們更深入介紹！

聊天的過程中，我們將這一路的環島與他分享，他也將堅持的理念與我們分享，他說這是族人世世代代傳承下來的技藝，他們的使命就是傳承這樣的理念，不管是多麼繁複的步驟，依然甘之如飴的做著。

手工織布中每一個步驟都是透過無數次的練習而來，馬大哥熟稔的技巧像是反射動作一般，這樣的一來一往，織布機上緩緩浮現的是祖靈的圖騰與故事。

當天晚上我們依約抵達他的工作室，就在中橫牌坊前面不遠處，一進去就看到繽紛的色彩填滿整個空間，各種顏色的線靜悄悄地站在那邊，像是沉著的士兵，等待著哪一天自己被挑到上戰場的機會，開始在織布機上揮灑生命的色彩！

工作室裡面的東西千奇百怪，我們又見識到更多不同大小的織布機器與作品，色彩幾乎都以紅、黑、白三色為主，便詢問馬大哥是否與傳統有關？馬大哥回答：「紅、黑、白是太魯閣族最常用的三種色彩，祖先擅長用簡單的顏色去呈現色彩斑斕的作品，通常都是運用白色做布底，配合著紅與黑，這三種顏色也是最具象徵意義的顏色，之後還能夠用植物染的方式，以最天然的方式產生色彩，搭配菱形祖靈的眼睛圖騰，是太魯閣族中最常見的意象表達！」

馬大哥的老婆 Hobi 又補充說：「祖靈之眼，是世世代代守護、監督著太魯閣族人的眼睛，菱形是太魯閣族最具代表性的紋樣，就像是祖靈的眼睛，呈現在編織上庇護著後代子孫。」我們想或許也正是祖靈之眼，才讓我們與馬大哥在太魯閣內的砂卡噹步道相遇。

仔細一瞧，大部分的圖騰的確都以菱形為基本概念，輔以顏色與編法，呈現出來的作品相當具有特色；再從織布的方式看，傳統的太魯閣織布簡單分成斜紋、平行紋、浮織三種，其中又以浮織方式最為耗時，因為對這項傳統技藝投入時間與精力，給予這樣的物品獨特的故事性，每一個完成的作品都有獨一無二的故事與文化。

經過馬大哥的講解，我們才知道原來織布還不能每天去做，做一天要休息一天，讓線能夠自然的伸縮，做出來的成品才能夠使用很久卻不會變形，這些堅持展現在完美的作品中，儘管在現代機械化的時代，大量生產已成為趨勢，但是這些產品就像是沒有靈魂的軀殼，存在、泛濫於這個社會上。而往往這些默默堅持傳承下去的事物，容易被現實所打擊，但是他們不輕言放棄的毅力使我們感動，這些初步的

1. 祖靈的眼睛
2. 馬大哥贈送的馬告，香氣十足

了解，都是從馬大哥與 Hobi 的經驗中與我們分享，帶領我們踏入太魯閣族傳統織布的美好故事裡。

馬大哥用帶點開心的口氣與我們分享一個故事。織布的技法有相當多種，從前的人傳承下來有記錄的也不多，通常都是口語相傳以及些許的文獻，有位住在部落的老婆婆因為年紀已大，深怕無法將織布技術傳承下去，無法傳承祖先的回憶，因而感到相當難過和遺憾，此時織布技術相當厲害的 Hobi 心想若能幫助婆婆完成這件作品，幫婆婆將技藝繼續傳承下去，她一定會很開心。就這樣透過了婆婆口述與文獻的查找，一步一步運用當年的織布技法織出一件作品贈予她，她收到後自然是相當感動與開心，畢竟祖先所傳承的技藝能夠延續，就是她是最大的願望！

對於太魯閣族人來說，織布是神聖且偉大的，傳統的族人都會有神祕且獨一無二、世代相傳的織布箱。他們對於信念的傳承，體現在織布的堅持上；婆婆的故事能夠接續，Hobi 的故事可以繼續往下寫，傳統文化與歷史在兩個時代的互動下，能擦撞出不同的火花。

我們聽完後相當有感觸，文化，是一個族群生命力的延伸，是不曾停歇的動作，時時刻刻在激盪、在奔馳，讓傳承的意志能夠留存，讓歷史的故事能夠流傳，是我們對於文化的使命與堅持。手工織布的意涵已經包含了傳承與思念，那一剎那的開心，是無可衡量的成就與滿足。來到太魯閣，我們獲得的不只有美景，還有動人的故事，此趟旅程使我們的雙眼能夠看得更仔細，看得到背後所賦予的意義，謝謝馬大哥與 Hobi，讓我們的心靈獲得滿滿的能量，再繼續往前走！

* 過去太魯閣族的貴族有五戶住在這裡，故命名為五間屋。

Day 14

花蓮新城火車站附近→
砂卡噹步道
行走距離：8km

3/14~16 2013

新城→花蓮市區

黏人的土，動人的地

還記得在南澳巧遇的張大哥聽到我們下一站要前進花蓮，酒酣耳熟之際，他抬頭看著遠方，用深情的口吻告訴我們：「花蓮的土地，是會黏人的。」

張大哥原本也不是花蓮人，只是因為工作關係常常待在花蓮，這一待就是十年，連房子都買了，他慢慢地說：「離不開，不只是因為這裡的風景，還是因為這裡的空氣、水以及所有的人。」對他來說，這一切都充滿了感情，他已經徹徹底底地變成花蓮人！當下我們沒有多大感觸，只是用更期待的心情想去一探究竟，畢竟我們未曾踏入，直到走進了花蓮，才發現這句話始終圍繞在耳邊。

從新城到花蓮市區，我們感受到東部特有的節奏，那是一種不疾不徐的步調。回想在

臺北的生活，兩人一搭一唱談論著以前的忙碌，好像很難用緩慢的步調仔細品嘗自己所居住的城市，氛圍是會感染的，我們從背上背包開始步調就變慢了，內心允許自己將步調放慢，因為這是一種有目標的慢，一步一步走，還是有在前進的。

抵達花蓮市區的這天，我們打算去逛夜市，這是屬於臺灣人最特別的傳統，每次向國外的朋友介紹臺灣時，夜市文化是一定會提及的，最早甚至可源自於宋朝。看著夜市裡五花八門的美食，一個攤位接著一個攤位，配合著鏗鏘有力的叫賣聲，香味四溢的美食早已將我們的胃所擄獲，邊走邊逛，邊逛邊吃，每個在夜市漫步的人們，都陶醉在這個獨特的夜晚，還記得以前在國外的時候，晚上都沒有這樣的地方，能夠讓一群好朋友可以聚在一起吃美食，不管走了一天的雙腿有多疲憊，看見夜市還是不由自主的一直逛，逛到天荒地老，吃到肚子很撐才依依不捨的離開。

在花蓮探訪到好多美食，印象最深刻的是朋友推薦我們吃的羊肉湯，我們還沒開店時就衝去排隊，結果排隊人潮竟然已經出現，大家相當注意店員的一舉一動，不停的往店內注視，就是引頸盼望著店員宣布開店。

在開店之前，店員在店內忙著打包客人預定的外帶包，等到外帶的都完成後，就立馬開店，排隊的人潮魚貫而入，坐在位子上，五分鐘內立刻客滿，好險我們有早點來排，順利吃到了！花蓮市區的美食真的相當豐富，除了羊肉湯外，我們還吃了蔥油餅、小籠包、餛飩湯、棺材板，晚上再來去廟口喝紅茶吃個宵夜，在花蓮的日子讓我們兩個愛吃的環島客一飽口福！

隔天我們來到了七星潭（又稱月牙灣），到了之後才發現這裡是海，一大片無邊無際的太平洋在我們眼前，新月形的海灣馬上將我們的目光緊緊抓住，我們在這裡錄起環島紀錄片的片段，兩個人你一言、我一語，努力想用中英文的方式介紹七星潭，嬉笑間也完成了。躺在礫石海灘上，靜靜地聽著周遭的聲音，小孩子的笑聲、大海的潮音，這最接近自然的音樂聲。下午準備與當地「原舞者舞團」執行長吳老師見面，看完海，我們約在吉安，除了採訪原舞者傳承的故事以外，還能夠聽聽吳老師分享她最擅長的領域，各種原住民野菜的介紹！

感謝吳雪月老師百忙之中抽空出來與我們見面，熱心的帶我們到吉安黃昏市場去認識野菜，吳老師可說是野菜界的權威，若對野菜料理有興趣的可以上網搜尋，一定會有滿滿的收穫。到了吉安市場看到熙熙攘攘的人群，滿滿的野菜以及醃製的肉品，還有超俐落削著箭筍的老闆，好不熱鬧！

這些野菜都是最天然、無毒的蔬菜，大部分都富含高纖維及豐富維生素、鐵質、鈣質等營養素，比起很多外表漂亮的蔬菜，吳老師說野菜不但營養，且絕對可以吃得安心！另外，野菜料理

1. 山蘇
2. 越咬越回甘的輪胎苦瓜
3. 原住民的威而剛，樹豆
4. 傳統醃豬肉

烹調的手法都比較簡單，一般人在家裡都可以輕鬆料理。看著野菜百百種，吳老師卻能如數家珍般的一一指出名稱、烹調方式，真是使我們大開眼界，希望有機會也能吃到老師特製的野菜披薩，聽說吃過的人都說讚！

最後我們到了幽靜的松園別館，這裡分外悠閒，還可以一覽花蓮市區與太平洋的景色，聽吳老師說別館以前像是廢墟，是她們召集三五好友用熱忱重新改造，讓她煥然一新，坐在這可以使人放鬆，辦個小型聚會、分享會之類的都很適合，用這裡來當做一天的結尾真的很棒，老師不忘提醒我們，環島結束後，還是要常回來花蓮找她，這裡永遠是我們的家！

在這片上土地行走，有著太多的故事，我們想看得更仔細，努力發掘這片土地上的美好時刻，所以才不放棄的走著，這樣的初衷，一直讓我們能夠堅持的走下去。

Day 15~17

花蓮新城→花蓮市區

行走距離：21.2km

【花蓮池南】

舞動，用身體找回自己的路

七星潭前

登場人物：吳雪月老師

在花蓮的土地上，我們遇見「原舞者舞團」現任執行長吳雪月老師，聽她講著原舞者的故事，從她的眼神中看見光芒，雖然很辛苦，但還是勇往直前，從不放棄。

原舞者由臺灣各族原住民年輕人組成，在專業人士以及熱心認識的眾人幫忙下，加上原住民長者「口傳相授」，保存並且延續許多幾乎要失傳的原住民傳統舞蹈，在舞臺上莊嚴的呈現原住民祭典精神，以充滿熱忱的表演、細膩的神情，真誠的展現屬於原舞者的精神。

舞蹈，用身體詮釋出所有情感，不添加任何的綴飾，用自己的身體在動靜之間尋求一個平衡，每一個動作都在訴說不同的故事，用身體，用汗水、淚水，與大地對話。

找回家的路

找路，對你來說是什麼樣的感覺呢？對堅守文化傳統的人來說又是什麼感覺呢？有幸參加原舞者舞團的分享會，分享著《找路》這部舞臺劇的點點滴滴。

在分享會的途中，你會感受到他們的熱忱，以及對自身文化延續的使命感，祖先的傳統不能遺忘，所以我們要找路，找一條回家的路，儘管這段路很長、很遠、很難走，但我們想透過舞蹈，把各個部落的文化繼續傳承。所謂找路，找的是很多面向，找的是色彩，找的是故事，找的是族人不能忘記的歷史道路；舞者用身體去詮釋，用自己的身體去找尋自己的路。

看著排練的影片，每天固定的練習，光是暖身動作就像是我們一個月的運動量，每位舞者在排練時的神情都相當專注，彷彿當下的時刻，只有舞蹈與他的生命緊緊相連，眼神中容不下任何事物，看著影片中每位舞者汗水早已布滿全身，從身上落到地板上的瞬間，多少辛勞隨著水珠滴落而蒸發，蒸發的是汗水，同時也跟著夢想。舞者說：「不痠痛就好像不真實，痠痛的感覺帶給我們真實的存在感，那些疼痛，訓練的過程讓我們更認識自己的身體，與身體更真實的對話！」

這群人，默默地跳，默默地演出，默默地讓全世界越來越多人知道臺灣，知道臺灣有個原舞者舞團，正在實現夢想。

吳老師告訴我們，每一個成員都有他們自己的故事，每一場表演都融合許多不同的族群，除了習慣語言的不同，整合學習的過程更是需要相當長的時間，包含進入部落，田野調查等，才能開始這段文化傳承的旅程。很樸實的肢體，很真誠的情感，原舞者的舞者用身體找回屬於臺灣回憶的路，用很有機、很土地的動作，光著腳踏在這片大地上，感受著大地最真實的溫度與感動。

每次見到吳老師，總是笑容滿面與我們分享種植野菜的成果，在這樣微笑的背後，還有一股努力不懈的勇氣！吳老師在創辦原舞者劇團的過程中，常滿懷希望的去推廣屬於原舞者的精神，但也常常遇到挫折，不被看好，此時的她只是笑一笑，還是得繼續往前拼，不放棄的往前走！

吳老師說過：「原住民的文化，大部分都是參與重於表演，現在要將文化的內涵融入表演之中，將表演即參與的概念融入，讓欣賞表演的人們也能同時參與，了解原住民的傳統文化意涵，保留傳統，並加入現代的元素，用另外一種方式，讓更多人可以欣賞到原住民文化之美。」這條延續文化的道路並不好走，容易迷惘，容易徬徨，但我們從吳老師身上看見不輕言放棄的精神，也看見原舞者舞團的努力，目標只有一個：將文化保存下來，並且透過傳承，讓更多在島嶼上、世界上的人們能看到臺灣，讓他們知道臺灣有個很棒的舞團，名為原舞者。

我們這段旅程也是一直在找路，找著心中屬於自己人生的道路，過程中的風風雨雨成為我們最好的養分，我們也在找尋著不同的路，並走著。

3/17 2013

花蓮銅門

在溪水中領悟優雅的真諦

徒步Day17
與翡翠谷對話
Marc x Machi

下次請早，謝謝

從花蓮市區移動到秀林鄉的文蘭村，因為隔天要去的慕谷慕魚（Mukumugi）離銅門村距離較近，所以選擇在鯉魚潭旁的銅蘭國小借宿一晚，這樣隔天早起後就能用步行的方式前往。

早已耳聞慕谷慕魚的大名，這個地名是太魯閣族音譯，字型與字音均呈現出美妙的韻律感，總讓我們感覺或許是一片人間仙境，期待她即將呈現出來的浪漫。進入慕谷慕魚要先登記，且很容易額滿，所以特地起了個大早前往登記上午場次，想不到警察伯伯告訴我們早上六點多就已額滿，要我們下次先上網或更早一點到現場；雖然有些遺憾但決定隔天再來，沒有什麼可以抵擋我們探訪美景的決心。因為走過來的路上看到另外一個方向的路標是前往翡翠谷，兩個人就決定先到翡翠谷冒險！

翡翠谷可能沒有慕谷慕魚的名氣大，遊客還滿少的，我們兩個先是走過一條雜草叢生的道路，緊接著看到一個隧道口和不見盡頭的隧道，越往裡走越是伸手不見五指，加上兩旁不時傳來水從高處滴答滴答落下的聲音，還真的有點擔心前方是否有路，靠著手機微弱的燈光，我們成功通過考驗，並往上走到小瀑布區，從小瀑布區俯瞰著前方的木瓜溪。雖有美景在前，但還是掛念明天的申請，希望能夠順利進入慕谷慕魚。

第二天一大早，熱血的我們從住宿地點前往慕谷慕魚，這段路可真遙遠，不僅是身體上的距離，同時也是心靈上的距離；看著前方多少輛小型巴士直直地都是往同一個方向前進，四條腿不及四個輪胎，深怕今天名額又被搶光，或許我們就沒機會能一睹慕谷慕魚的風華絕代了。車輛督促著我們越走越快，好險最後我們成功登記進入慕谷慕魚，拿到入山證的那一刻相當雀躍，開始與慕谷慕魚展開一段浪漫的旅程。

從申請登記的警察局到入口還有一小段路，入口處的警察大哥看到我們準備用走的進入山谷便將我們攔下，告訴我們裡面的步道非常長，大家都會選擇開車或是騎車進入谷內，叫我們先好好想想再決定要不要走進去，我們想都沒想就告訴警察大哥，我們很喜歡走路啊！他看我們樂在其中的樣子，就祝福我們走得開心；隨著閘門的開啟，我們就這樣往步道內走去。

慕谷慕魚內有兩條路線，一條往清水溪，一條往龍澗溪，兩條溪的終點都是水力發電廠，於每日管制都有限制，慕谷慕魚內的溪水以及生態都保存相當良好，進入後可以自由選擇要走哪條路，也可以兩條都走，而我們這次聽從警察大哥的話，選擇往路程較短，同時也比較好走的龍澗，沿途景色壯闊，溪水翠綠，清澈到肉眼都能看到魚兒在裡面悠游自在。

走著走著，剛過了一個隧道，就在隧道口旁邊發現一條梯子，

咦？剛剛走過怎麼沒發現，從這裡下去就可以到下面游泳了。馬克興奮地說

這梯子這麼高，我不敢下去啦。麻糬說

但……那溪水超美的耶，深不見底的翠綠，真的不下去嗎？馬克說

不要吧，除非你脫光跳下水游我才下去。麻糬順勢準備往前走

就在電光石火之際，馬克：**好，妳下來的話我就裸泳！**

蛤？你不敢啦！麻糬輕蔑地說著

只見下一秒鐘，馬克已經沿著梯子攀爬而下，麻糬睜大雙眼，說著：「別鬧了吧！」沒兩下馬克就到溪流邊，麻糬也只好認了，準備爬下來，大聲地說：「要是我下來你沒裸泳，就死定了！」終於兩個人都抵達溪流邊，馬克先脫掉上衣，摸了一下溪水，下一秒立即嚷嚷說：「太冷了吧！」麻糬：「是你自己說要裸泳的唷！」

好吧，男子漢說到做到，走到溪邊，脫下上衣，此時厤糬還是認為馬克一定做不到，一眨眼，撲通一聲，翠綠的溪水掀起一陣陣的漣漪。馬克：「呼！真的很過癮，超冷的！」此時只聽見厤糬在溪旁一邊錄影，一邊用震耳欲聾的聲音大笑：「他真的跳了，哈哈哈，他竟然跳下去裸泳，他是不是有病啊，哈哈哈。」之後我上岸看厤糬錄的影片時，什麼聲音都聽不到，只聽見厤糬笑聲以及看見她死命地將鏡頭往前拉近，好險什麼都沒拍到。

擦乾身體，穿上衣服，我們兩人就躺在溪旁的大石頭上，想像著浪漫的慕谷慕魚，綺麗的名稱襯托出她的曼妙姿色，在溪水中享受她的優雅，看著人們在這裡休憩、拍照、臉上始終露出愉悅的笑容，這時候的慕谷慕魚水質很清澈，但七八月分時由於會有人到這溯溪，可能就不會這麼清澈，所以春天到慕谷慕魚真的很適合（裸泳也適合）！而此時的這裡，也絕對不會讓來訪的旅人失望，跳下水所產生的暈染，配合著碧綠色的溪水，是人生一大享受！

傳說只要繞完西藏的岡仁波齊峰一圈，便可洗盡一生罪孽，多少朝聖者窮極一生追尋著。把這樣的場景搬到臺灣，銅門鄉慕谷慕魚內接近天堂一樣的景色，伴隨著溪水的夢幻翠綠，彷彿也能夠洗盡一生的罪孽般，透過那清澈見底的溪水，我們探出頭來，注視著自己的倒影，微風吹過，水面上的成像微微晃動，脫光衣服一躍而下，

感受到她的優雅與神聖、她的溫度，在水裡與她融為一體，好似隔絕塵世的喧囂，靜靜地在水中游動，與魚兒共舞，把今天走路的辛苦都忘卻，只記得現在這個時刻，我們在慕谷慕魚，不想離開！

但天下無不散的筵席，始終要告別慕谷慕魚的綺麗，天色逐漸變暗，加緊腳步走回出發點，出閘門時還與警察大哥聊了一下，他很佩服我們的腿力，後來得知原來我們在徒步環島，還以為在開玩笑，直到給他看了許多路途上的照片，他又再次驚呼：「實在是太不可思議了！」忽然間，他問我們，「覺得慕谷慕魚漂亮嗎？」

非常漂亮啊！我們回答道

其實現在已經改變很多，雖然有人數上的限制，但汙染還是一點一滴在累積，現在的溪水已經沒有以前那麼清澈。警察大哥感嘆地說

其實許多生態與美景的平衡就是這麼樣地矛盾，但為了讓每個人來到慕谷慕魚時都能有著美好的回憶，他們很努力的在宣導、保護這整片的生態環境，就是希望慕谷慕魚的翠綠溪水能夠永續存在。謝謝警察大哥愛護這片美景的決心，還說下次要帶我們到花蓮山區一條更美麗的溪流，非常令人期待！

不知道木瓜溪旁有沒有木瓜？

Day 18

銅蘭國小→慕谷慕魚

行走距離：9.2km

3/18~19 2013

登場人物：
芳草古樹民宿老闆娘

銅蘭國小→鳳林

特急件，兩個半小時寫出一份企劃

在上課的鐘聲與小朋友在操場外奔跑呼喊的聲音中，我們起床了，一早，打開房門，映入眼簾的是一片廣袤的操場，令人懷念的紅色pu跑道就在整個學校的正中央，小朋友趁著下課的時候在此玩耍、嬉戲。

還記得以前小時候下課最喜歡到操場，快跑也好，慢走也好，就只是與好朋友享受著短暫的下課時間。每當學校有節慶或活動時，接力比賽是少不了的，每班派出二十位好手在跑道上奔馳，大家都全力以赴的準備即將到來的比賽，從棒次的挑選、交接棒的手勢等無不一再練習，就是希望能為自己的班級帶來榮耀，贏得比賽。在這間小學內，看著小朋友

天真無邪的臉龐，彷彿又想起自己在跑道中奔馳的樣子，在跑道上接力，在人生當中，也一直不間斷的接力，傳承下去；上課的鐘聲敲響時，小朋友帶著依依不捨的表情慢慢地往教室走回去；與下課鐘聲敲響時急奔而出的景色形成可愛卻又強烈的對比，我們也該出發，看著湛藍的天空，往花蓮鳳林前進！

看慣了海，忽然見山有點不習慣，總覺得遍地的綠色使眼睛煥然一新，雲霧飄過，那山若隱若現，彷彿蒙上一層神祕的面紗。山，能夠當最慈祥的智者，告訴我們整個自然的生態故事；卻也能使我們歷經苦難，一切都憑著你對山的尊敬！走在狹長的海岸山脈與中央山脈之間，看著綿延不絕的山脈，我們心想，一定能走到最後的！

沿著臺九線無止境的往下走，幸好一旁的風景是美麗的，能夠使我們忘記疲憊，每次當背包一上肩，太陽公公就像捨不得跟我們說再見一般，用最熱情的方式向我們打招呼。首先經過了鯉魚潭，嘗嘗有名的活跳蝦，還真的是整隻活著，將碗蓋打開一隻蝦子立刻彈跳出來，伴隨著醬油的汁液，嚇了我們一跳！往壽豐的方向一直走，已經習慣了狗兒的叫聲，有從家裡衝出來的、也有從河的對岸叫的，我們都當做是鼓勵的聲音，拚命地往前走！

上下坡的折騰，累了

終於，看見鳳林鎮的告示牌，表示我們今天的目的地也快到了。今天打算落腳鳳林，這裡原是客家聚落，日治時期開始栽種菸草，也開始興建菸樓，到目前還保有許多完整的菸樓供民眾參觀，整個街上也有濃濃的復古風格，本身是客家人的老闆娘，巧妙地將客家文化融合在布置當中，恰巧我們兩人都是客家人，與老闆娘聊起天來格外親切。

與民宿老闆娘的聊天過程中，得知她們明天要去參加美食競賽，必須寫份企劃書，老闆娘正苦惱寫不出來，剛好我們對於寫企劃還算拿手，就決定幫老闆娘在三個小時之內將企劃完成，我們想，這也算是另類的打工換宿吧，謝謝老闆娘提供住宿作為回報，就這樣在鳳林體驗到第一次的打工換宿！

保留濃濃日式味道的菸樓

企劃寫完便開始與老闆娘分享起我們環島的故事，也聽著老闆娘訴說著這裡的一切，原來老闆娘與老闆以前對做菜也是相當陌生，全然憑著自己摸索、學習，一頭栽入料理的世界，並且將客家文化融入菜餚，希望能讓來住宿的旅客在視覺上、味覺上都獲得滿滿的客家滿足，讓更多人懂得客家人的傳統文化。

老闆娘說：「一開始的時候大家也是都不看好，認為在這個地方開民宿一定會倒。」但她也沒想過要放棄，不懂經營，就去請教開民宿的朋友；不懂做菜，就上網查，到處問人。經過好多年的努力，逐漸地有了知名度，也讓大家更認識鳳林。

林田山林業文化園區

Day 19

銅蘭國小→鯉魚潭→壽豐→鳳林

行走距離：26.8km

除了鼓勵以及佩服我們的決心，她希望透過多住一晚，讓我們能夠仔細看看鳳林，她說一定要去看菸樓，這是鳳林地區歷史發展的紀錄，從前因為菸草的種植而盛極一時，如今雖然只剩下一些古建築還保存著，但在當地居民的心中那段回憶卻依然記憶猶新。聽完老闆娘的介紹，決定隔天一早前往；老闆娘的故事深深地種植在心中，旅途走得越長學得越多，我們絕對不會放棄的！

因為這樣的巧合，讓我們在鳳林多留了一晚，一早前往徐家興菸樓，非常喜歡帶點日式風格的建築，雖然牆壁有些剝落，但還是感受得到當時這幾戶人家的氣派，下午走到林田山林業文化園區，看到更多日式古建築，才知道這裡曾經是臺灣第四大的林場，所以日本人當年來此興建鐵道、宿舍等，使當地一度相當輝煌。如今仍存有檜木的房舍與舊鐵道的濃濃古味，木雕展覽館內的作品讓我們驚嘆連連，從歲月的痕跡裡感受到深層的文化內涵。

接著到著名的月盧餐廳吃飯，在網路上查好位置是在半山腰的地方，我們決定騎腳踏車前往，但是山路實在是太陡，等到到達餐廳時已經滿身大汗，尤其是一路上完全沒有燈，帶著自己的頭燈，連騎帶牽的好不容易終於抵達，好險他們的餐點沒讓我們失望，梅子的香氣完全融入於烤雞之中，使人不餓也難！在鳳林待了兩晚，即將前往古稱「水尾」的瑞穗，這一段路，恰巧的讓我們探訪了奇美部落，最純淨的世外桃源。

3/21 2013

登場人物：奇美部落族人們

還記得剛抵達瑞穗的第一天，兩個人都想要去北迴歸線的地標看一看，因為之後計畫走一九三縣道，可能不會經過北迴歸線紀念碑，所以剛放完背包，騎著租來的腳踏車，就準備前往，但原來這才是悲劇的開始！

那天我們都走了不少路，加上沒有想到原來從瑞穗前往北迴歸線紀念碑居然全是上坡路段，騎著騎著剛好又租到沒變速的腳踏車，兩個人騎到都快飆淚，花了千辛萬苦才抵達，抵達時都氣喘吁吁，不過能一起在紀念碑前合影，紀念我們踩到北迴歸線，也是一個特別的回憶。

隔天一早，想到要離開瑞穗還有點不捨，每一次與一個地方的分離，總是在心裡告訴自己一定要再來，雖然不知道要多久以後，但是，就是捨不得。

將背包迅速打包，背起，已成了每天的慣性動作，就是要這樣將超過二十公斤的背包背在肩上，好像一天才有個開始，我們兩人走在產業道路上，從瑞穗出發，計畫從瑞穗走一九三縣道到玉里，這一條路雖然要繞點路，但聽聞單車環島的旅人分享沿途景色相當迷人，儘管雙腿可能必須要加重負擔，但想到美景還是毅然決然朝著這條路邁進。

看不到盡頭的路，對我們來說已家常便飯，走了約兩公里，抬頭看到告示牌標示著往奇美的方向。「奇美」，好熟悉的名字，就在烈日的照耀之下，路牌上的這二個字更加耀眼，這才想起在花蓮新城時，馬大哥強力推薦我們一定要去的部落就是奇美部落，而我們差一點就要錯過這個原始而美麗的部落了。

我們兩人決定在瑞穗多留一天，說巧不巧，剛好路旁就有一間民宿，決定今晚就住這，夢之鄉民宿的老闆娘聽聞我們要去奇美部落，建議我們租機車，我們原本想要騎腳踏車上去，但被念了一頓，奇美部落隱身在山谷之中，連綿的山路與上下坡起伏，都不是腳踏車能夠負擔的，後來我們也就乖乖聽從老闆娘的建議租摩托車，前往奇美。

騎著摩托車，我們發現走路還是比較好，尤其是沿途風景如此壯觀的時候，蜿蜒的道路與秀姑巒溪並行，往深處望去總是給人家期待，卻又不想馬上看見，神祕感讓這段路途更加迷人，走路的時候我們想停就停，想拍照就可以盡情的

蜿蜒的秀姑巒溪

拍照，一切都能夠讓我們自己做決定，因為載體是我們的雙腳，一旦騎上摩托車，載體再也不是我們身體的一部分，我們沒辦法盡情的享受那種用雙腳的純粹，一時之間還有點不太習慣。

就這樣左轉、右轉，泥濘的路況使我們聚精會神的騎著，但兩旁的風景又如此壯麗，真希望能有四隻眼睛。過沒多久，我們看到刻著奇美部落的圓柱，終於到達了，裡面的人感覺沒有很多，可能是剛下完雨，一切都有種被洗滌的清新感，我們在奇美文物館前將車停下，走入門口，最吸引我們的是旁邊的立牌，上面大大寫著阿美族人精神領袖，馬耀頭目給族人的話：「奇美部落的年輕人，我希望你們不要忘記祖先的生活，是希望你們能夠對自己的身分清楚而不迷惘。」

馬耀頭目的這兩段話，語氣輕輕，但裡面卻包含對整體族人的許多期待，希望族人能夠清楚而不迷惘，深深的烙印在我們的心中，或許每個人在生命的

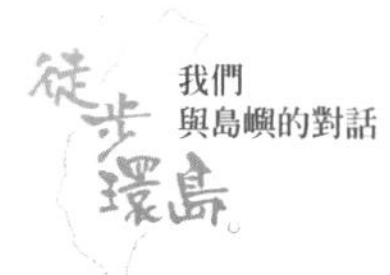

歷程中都曾有過不知所措的時候，這或許是個考驗，讓自己能夠與自己進行更徹底的對話，通過此過程，迷惘會轉化成堅定的意志，兩者以一種超自然的形式在拉扯著，現在看到越來越多的部落年輕人返鄉服務，我想，馬耀頭目的一席話，奇美部落的族人都聽到了，也讓奇美部落的文化能夠讓更多人了解，並學習。

逛完了文物館，我們沿著部落的道路依循而下來到秀姑巒溪旁，這裡是泛舟的中繼點，夏日情景一定相當熱鬧，現在則應該算是溪水的休眠期，經過一段時間的休養，期待著秀姑巒溪夏日的潺潺溪水！

沿著秀姑巒溪旁的碎石頭路走著，眼前有一群手舞足蹈的大哥大姐，我們兩個還在討論要不要去看看他們在做什麼的同時，他們的目光早已投射到我們這裡，熱情的邀請我們過去與他們一起同樂，原來他們剛結束工作，一起相約到溪邊烤肉，烤著烤著，就開心的跳起舞來。熱情的大哥大姐將熱騰騰的野菜湯、山羌肉等與我們分享。旁邊彈著電子琴的大哥最為搶眼，手指在琴上快速的移動，按壓，彈奏使人愉悅的琴聲，很難想像這位大哥根本沒有學過彈琴，單靠自己的天分與摸索，就能彈出這樣的音樂，太令人佩服了。

就在彈奏到一半的時候，大哥忽然轉過身來，好像是在找尋某種東西，一問之下他說要充電，我們想說是他的琴沒電了嗎？因為在這溪水旁要找個插座來充電根本是天方夜譚，正當覺得困惑之際，只見他喝了幾杯酒，便又開始彈起琴來，原來，他所謂的充電指的是他自己，而電力來源就是那一杯杯的酒！

充飽電的大哥彷佛更有活力，邊彈邊跳，我們也加入他們，手牽手一起跳著傳統的阿美族舞蹈，

1. 秀姑巒溪特有的麥飯石，煮完會呈紅色，阿美族人會拿來煮火鍋
2. 石頭火鍋的器皿，用檳榔葉鞘折成　3. 傳統阿美族家屋

Day 22

瑞穗夢之鄉民宿→奇美部落

大姐說，儘管大家是第一天認識，但只要手一牽起來就是一家人了；一邊跳一邊感動著，我們，好像真的是一家人！

跳著跳著，貼心的大哥拿了兩個杯子給我們，看他拿了一瓶茶裏王的罐子，想說喝杯茶也不錯，只見倒出來的液體不是茶的顏色，而是透明並帶有酒氣，原來，是高粱酒……不禁莞爾一笑，覺得他們實在是太可愛了。大家逐漸圍成一個大圈圈，就像是小型豐年祭一般，在手牽手的上下擺盪之間，一片歡笑的聲音當中，幻想中的奇美已經變成真實，且更為浪漫，就在一杯杯的茶裏王高粱酒與琴聲伴隨之下，我們看到最真實的奇美部落。

3/22 2013 **登場人物：耀天**

瑞穗→玉里

在一九三縣道 感受秧苗的律動

結束了昨天手舞足蹈的奇美之旅，臨走前望向那山谷，依依不捨地對著之中的奇美部落說再見，遙想著蜿蜒的秀姑巒溪仍舊在流動，潺潺的流水與大小不一的石頭互相衝擊，一來一往之間，譜出一種屬於大自然生命力的樂章，那聲音彷彿還在我們耳邊，久久難以忘卻。

儘管如此不捨，還是要道別，道別是我們在環島的旅途中學習到最深刻也最艱難的一件事，時間的巨輪仍然轉動著，旅程中我們遇到無數個離別的時刻，有些新認識的朋友一見如故，彷彿上輩子就認識一般，互相分享人生的過程、理想，欣賞他們對夢想的堅持，一步一

步追逐自己的夢想，這些朋友是我們在環島過程中最美麗的畫面。說再見是很困難的，沒有人喜歡分離，尤其是在旅行的當下，更珍惜那種一見如故的感覺，或許這就是成長的過程吧！

學會說再見，並且期待下次的相會，天下無不散的宴席，因為分離，才會渴望下次相聚，那種純粹卻很單純的思念。

大地萬穗

我們走過瑞穗大橋，特地繞了遠路，朝一九三縣道走，這是許多單車客或環島勇士極力推薦的一條公路，一眼望去，這是一幅最純淨的畫作，毫無疑問的，筆直的公路，與兩旁富含生命力的稻綠色勾勒出一幅撼動人心的作品，太陽光從雲朵之間探出頭，彷彿高聲喊著：「怎麼可以忘記我呢，這麼美的景色我怎麼能不參一腳呢！」加上在稻田中揮汗如雨卻甘之如飴的農夫，一彎腰、一起身，汗珠沿著皮膚的紋路順流而下，不需要多餘的擦拭，取之於自然，還之於自然，儘管太陽多麼熾熱，農夫伯伯的臉上還是帶著喜悅的笑容，皺紋是成長的印記，他們不遮掩的向我們展示，屬於這片土地最真實的畫面。

這條小小的縣道上最能說明臺灣的生命力，風吹著，秧苗隨風搖曳，婀娜多姿的你，跟著風一起翩翩起舞，我們不禁停下腳步，放下背包，坐在田野旁邊，感受你所散發出的生命力，透過風的親吻，你慢慢的在茁壯，我們從土裡感受你往下紮根的努力，同時也看見往上成長的魄力。生命不是有所作為才能稱做生命，有時候靜態的成長也是另一種美好，慢慢地，卻不間斷。心想當這片大地豐收之時，那樣的景色該會有多壯觀，在這田野之間，我們想高喊著，大地萬穗。

走著走著，前方一臺摩托車迎向我們，速度減慢，在我們面前停下。

長濱小管家耀天，後來陪我們走了兩天

抵達玉里時，熱情的小妹妹主動說要與我們合照

環島的過程中很容易交到朋友，這位朋友叫耀天，我們開始天南地北的聊著，聊他在東部發生的故事，分享東部各地的美景，對談很簡單，但在一九三縣道的路旁我們就像是認識許久的朋友。耀天似乎對走路環島很有興趣，

可不可以陪你們走個兩天啊？耀天問

當然可以啊，但是會滿累的唷！馬克說

沒問題，人生一定要熱血一下！耀天說

約定好日期，期待新朋友的加入與我們一起分享旅途中的點點滴滴，與耀天道別後，我們加緊腳步，朝著今天的目的地玉里前進。耳聞玉里的橋頭臭豆腐非常好吃，我們兩人的肚子早已飢腸轆轆，補充些許的巧克力，繼續往前，記錄更多臺灣的美好！

Day 23

瑞穗→玉里

行走距離：25.6km

3/23 2013

玉里→臺東池上

稻米的故鄉

少了點喧囂，多了點舒適，風吹起來好舒服，在這裡的人們都走得好慢，有別於其他觀光景點的熱鬧，寧靜中卻帶有滿滿的生命力，這裡是米的故鄉，池上。

心中還在想著昨晚在玉里看到滿山滿谷的螢火蟲，我們兩個還一起放天燈，祈求旅途順利，今天就要抵達池上。若說這裡的步調很緩慢，我想沒有人會反對的，但也不是真的慢，是一種很優雅的慢活，感覺連雲都飄得很慢，親切與關心的問候很真誠。

池上是一個很容易讓人喜歡上的地方，如果說用四個字來描述，我們想沒有比「返樸歸真」更適合形容這裡。很純樸，也很放鬆。

還在尋找今天的住宿地點時，在 7-11

大波池畔

前的重機大哥一見到我們便熱情的向我們問候，原來他們也在環島啊，聽著重機大哥說這也是他們的夢想，我們就像是找到共鳴一樣，瞬間熟識了起來，馬上拿出環島布條，大夥一起拍照，也祝福他們的旅程平安、精采！

今天的行程就是沒有行程，難得一天的放逐自我，隨意走在大波池旁，放眼望去全是綠油油的稻田，看著農夫在田野之中辛勤的耕耘，希望自己手中的稻米能夠結成一顆顆飽滿的稻穗，我們看著農夫伯伯的眼神，他望向那片稻田的神情好溫柔，好似把這些稻米當成自己的子女，細心的呵護照顧，希望他們成長茁壯，我們在一旁看得很感動，這裡沒有城市的虛假，只有單純的真摯情感，老伯伯專注的做好種田這件事，才能讓全臺灣的人都吃到這麼好吃的池上米，越嚼越香，因為嚼的不只是米，還有滿滿的情感。

Day 24

花蓮玉里→臺東池上

行走距離：29.6km

吃完了遠近馳名的池上便當，我們在這裡的復古商店找到好多童年回憶，還記得以前放學最喜歡到雜貨店去抽獎，每天都期待今天會抽到什麼呢？在這裡算是圓自己以前的夢想，可以一次買一整盒，回去我們兩個慢慢抽，慢慢吃，好像搭時光機回到從前那無憂無慮的孩童時光，坐在小學生的椅子上，望向黑板聊著旅途所見到的美好，互相分享旅途中的所見所聞，在這裡，我們只要專心地投入旅行的氛圍，剩下的，先拋在腦後吧！

由於找不到地方可以租腳踏車，我們決定再回到大波池畔，一樣用雙腳去感受池上的溫柔與純樸，在隨著風搖曳的樹下，眼前有一整片的稻田陪伴著我們，讓我們眼睛得以紓緩，讓我們的精神得以放鬆，坐下吧，簡簡單單的喝著一杯熱呼呼的茶，茶中的熱氣隨著杯子圍繞而上，一吹出熱氣，吸入的是感動，慢慢細啜，我們隨著茶香在池上旅行。

3/24~25 2013

登場人物：小白與大白

沿著南橫去冒險

路並不好走，接近垂直的下切

依稀記得池上米的香氣，短暫的停留一晚，我們便移動到關山，養精蓄銳的準備從那前往栗松溫泉！按照慣例我們背起簡單的行囊，在霧氣迷濛的早晨，隨著蟲鳴鳥叫的聲音，躡手躡腳的深怕吵醒民宿伯伯，發動摩托車，前往南橫！

為了探訪深山祕境，走到關山時決定在此多停留一晚，把這當做前進南橫的基地，在考量時間與路途後，決定租車前往，前一晚看似嚴肅的租車行大哥很熱心的畫了張路線圖給我們，深怕我們迷路，細心告訴我們哪些路段必須注意，我們用熱血迎接早晨，奔向素有臺灣最美野溪溫泉之稱的「栗松溫泉」，儘管網路上說前往的路有多麼崎嶇難行，也無法抵擋我們追尋美景的熱忱，一股腦兒的，衝了！

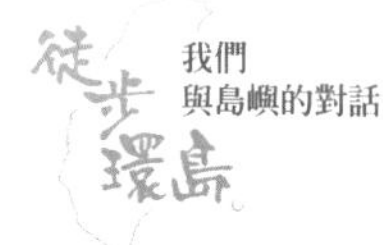

捨不得將眼睛移開，在南橫路途

栗松溫泉入口

跟著我們的旅途，就知道我們不是典型的徒步環島路線，我們希望不要為了環島而環島，我們的目標很明確，希望了解臺灣的美，發掘更多美麗的故事，找出更多動人的微笑，不只是為了將臺灣繞一圈而出走，為的是追尋這片土地上迷人的景、動人的故事，以及與自己內心重新對話的一段旅程，因為這樣，我們走得更遠、踏得更深，讓足跡在我們的島嶼留下更多回憶。

天空之城

臺灣的橫貫公路是一種奇蹟，它讓我們看到人定勝天的最好例子，大自然的鬼斧神工與前人無私的付出，想像著從前他們用最樸實的技術，敲敲打打之間，造就現今我們能夠一覽中橫、南橫之美，從海端開始進入南部橫貫公路的起點，朝著霧鹿，利稻的方向前進。

世界上有天堂嗎？天堂的存在是伴隨著生活在那兒的人們，擁有著純淨的心，過著與世無爭的生活，我想在臺灣這片大地上，有很多地方是天堂，但它不會張揚地去宣稱自己的存在，它用低調且靜謐的姿態，隱隱約約的讓你看著、想著、感受著。我們經過利稻部落時，那一片在山谷之中的聚落，低聲吟唱著屬於天堂的美好，雲霧在利稻上方盤旋，好像看見的是座天空之城，而且這一切不是場夢，是真實存在的。

在那天空之城內，是友善的人們與純淨的心所構築成的天堂嗎？與旅伴約定好下一次我們想親自去體驗！

摩天的指示牌就在眼前，根據網友的分享，這表示栗松溫泉也應該就在前方不遠處。但我們的心

手上的食物一拿出來，馬上被圍攻

情轉趨於緊張，山上的氣溫極速下降，雨滴逐漸落下，一瞬間變得濃霧瀰漫，同時也不知道通往栗松溫泉的道路是否良好，深怕山區的大雨會增加道路行走的困難度，從摩天往栗松溫泉的道路似乎時好時壞，一堆負面的情緒直撲而來，再往前一點終於看到指標，跟著指標往下走，先是一段很陡的下坡，接著順著路往前騎，到最後會看到一棟房子，旁邊就是栗松溫泉步道的起點，車子乖乖停在一旁，入口旁還貼心的放置手套給需要使用的人，就這樣將手套帶上，我們大口咬下巧克力條，準備前往！

什麼時候會有新的旅伴加入永遠無法預料，這讓旅途充滿了更多意外的驚喜，誰說環島只能跟人一起走呢？今天我們朝著栗松溫泉前進的途中，應該說才剛從路口往前走，後面就跟著新的旅伴，兩隻可愛的狗狗。他們沒有詢問可不可以加入我們，只跟隨著我們的腳步向前，像是我們的導遊一般，帶領著我們往栗松溫泉的目標前進！大隻的是小白，小隻的是大白，但其實他們都是黑色的……方便記憶！

一開始的路段算相當好走，但走了約莫十分鐘後，高低落差相當大的地形出現，開始雙手雙腳並用，大小二白果然是這裡的地頭蛇，三兩下就輕鬆越過許多困難的地形，始終走在我們兩個人的前面，怕領先我們太多，有時候牠們走太快，還會趴下等著我們，我們接近時，牠們的頭會輕輕的往回看，眼神中似乎帶著一點輕蔑，好像在告訴我們：「還不快點跟上！」我們也被牠們激怒，拚了命的要追上，

站著愣了幾秒，才敢相信這是真的

利稻部落

就這樣在一來一往的追逐間，漸漸聽到溪流的聲音對我們呼喊，歡迎我們的到來。

走到山谷最底下，聽著潺潺的流水聲，這裡是新武呂溪支流的一處，跋山又涉水，大約在前方一百公尺處就是栗松溫泉，兩隻狗兒也跟著我們一起越走越快，一轉眼，都還沒準備好，就不小心看到整片翠綠色般的石壁，兩個人同時發出「哇，太美了吧！」的聲音，遠方看著石壁上滴出滾燙的泉水，石壁的色彩那樣地耀眼奪目，我們逐漸走近，站在一片大石上，緊緊凝望這上帝的禮物，就這樣享受起屬於我們的溫泉，大自然所贈予最棒的禮物。

大白與小白兩隻狗兒在我們兩人之前站的大石頭上，用水汪汪的眼睛看著我們，有他們倆的陪伴，讓我們勇闖南橫的過程間多了許多歡笑，躺在石壁下靜靜地聽著泉水滴落，這是山神所給予最真實的溫度！

Day 26

關山→南横栗松溫泉

3/26 2013

登場人物：
耀天、小胖媽、小胖

舊臺九線上的武陵桃花源

就在我們挑戰完栗松溫泉的當晚，之前與我們約定好要一起走的熱血青年耀天出現了！

為什麼我會說他熱血呢，因為他特地趁著工作空檔從長濱過來找我們，陪我們走上一段路！明天要與我們一起朝著鹿野前進，我們還打趣地說，希望明天走的時候多等等我們，我們兩個的雙腿歷經栗松溫泉步道的洗禮，隔天一早起來想必一定會「鐵腿」，今晚的時間就留給明天的早晨吧，早早入睡養足體力，明早繼續出發！

在關山遇見一對可愛夫妻，推薦我們可以走走看舊臺九線到鹿野，雖然會多繞一點路，多爬一點山路，但由綠色的樹蔭所構成的隧道，非常值得前往，我們也就聽從他們的建議，決定經由舊臺九線前往鹿野！

有著新旅伴的加入，我們當然是越走越有勁，心中也多了份壓力，要好好地走，不能讓新旅伴失望。沿著臺九線，路旁看到好多賣甘蔗的婆婆，情不自禁的買了包甘蔗，邊走邊啃，好不痛快；在路途中也逐漸熟悉了我們的新旅伴，前幾日只簡單的聊了一下，知道他在臺東長濱的民宿當管家，就以為他是臺東人，原來他也是臺北人。

耀天，你怎麼會想到長濱工作啊？馬克問

其實我以前的工作是做業務，每天都離不開菸與酒，直到去了一趟蘭嶼，發現人生不一定只有一條路可以選擇！耀天回答

那為什麼選擇長濱呢？麻糬問

因緣際會下剛好這裡的民宿有貼徵人公告，加上這裡的海，只要看一眼就不會想離開！耀天回答

單純的理由往往更帶有浪漫的氣息，在這趟旅程中，互相信任變得很簡單，沒有多餘的雜念，只彼此分享，耀天在路上與我們述說他在東岸的日子，雖然沒有臺北那樣的五光十色，但在東

岸的土地上，有大海相陪、有星空相映、還有著一個個追夢的勇士，行經這裡。其實這些比都市的交通便利、生活機能方便等因素還要吸引人，使人容易寄情於此，我們就是這樣，一輩子或許都忘不了在臺東行走的日子。

看到了岔路，也看到武陵綠色隧道的入口，舊臺九線，武陵大橋開通後，部分省道截彎取直，這段路退去省道的功能，行經當地的車輛越來越少，住戶也持續搬離，但在永安社區的努力下，將每顆樹編號，秉持著若有一棵樹倒下，就再補種一棵的精神，將綠色隧道讓更多人看見。

往裡面走，看著兩旁樟樹、茄苳樹與木麻黃筆直地延伸，看不到盡頭，吸了一大口的芬多精，我們三個就往前邁進，兩旁的樹像是我們的守護神，幫我們阻擋來自陽光的侵襲，讓我們可以盡情地在隧道中享受雙腳踏在這片土地的感覺，這條綠色隧道好長好長，但我們卻不覺得累，只想能夠一直走、一直走。

經過了一間咖啡館，是許多單車騎士推薦的休息點，我們便在此稍作休息，最後再享受一下綠色隧道的樹影、微風，然後才又朝著今天預計的住宿點鹿野前進！

要抵達民宿前的連續上坡讓我們體力消耗甚大，所以決定今晚讓自己好好飽餐一頓，補足體力，順便慶祝新旅伴與我們一同完成今天的旅程！吃完豐盛的一餐後，我們經過雜貨店時想說買

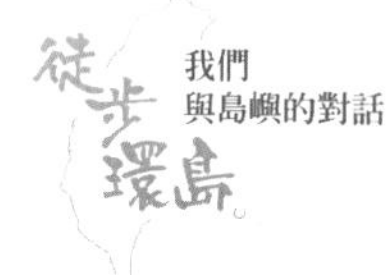

些巧克力，便進去挑選一些補給品，面對之後的挑戰！結帳時老闆娘與我們聊起鹿野最有名的熱氣球節，看著老闆娘充滿自信的神情，說著：「鹿野真的很適合舉辦熱氣球節，在鹿野高臺上看著一顆顆熱氣球慢慢升空，這裡得天獨厚的環境，讓每個來訪的旅客都能滿載而歸！」這是對家鄉最好的認同，老闆娘也問我們：

「喜歡你們的家鄉嗎？」

我……說不上特別喜歡，好像即使搬走，也不會太難過。馬克說

喜歡，但有時候會更羨慕東部的人，有著如此得天獨厚的環境。麻糬說

老闆娘接著說：「認同家鄉是很重要的，就像你們徒步走在臺灣這塊土地上時，也是對臺灣的認同，仔細地重新看看自己的家鄉，說不定你們也會愛上的。因為我也是這樣，從一開始覺得這裡什麼都沒有，像是被人遺忘的地方，一味地想逃離鹿野；到現在我用盡全力想讓這裡被更多人知道，深深的被鹿野所吸引，因為我重新去體會自己家鄉的美，進而喜歡上這裡！」

老闆娘的話我們都記在心裡，回去後一定會好好的重新看待自己的家鄉！我們也答應她今年熱氣球節時一定要再下來拜訪，希望能一覽在鹿野高臺上熱氣球翱翔的壯觀場面！後來老闆娘的兒子小胖更提議要帶我們去一個私房景點看夜景，還送了我們好多煙火，祝福我們之後的旅程都跟煙火一樣璀璨、亮麗！

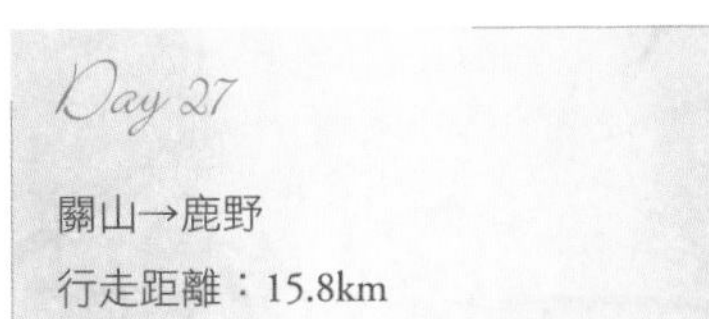

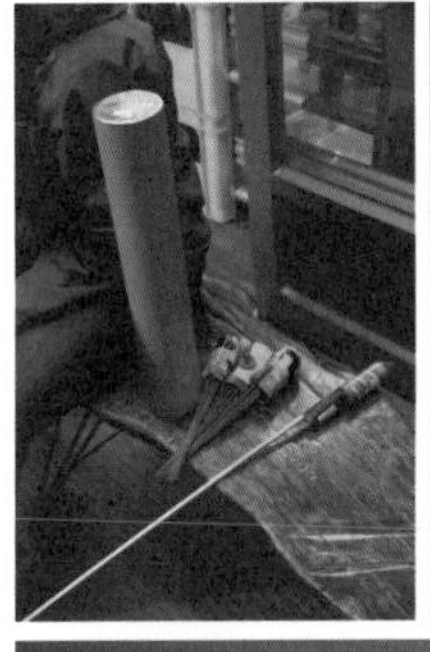

小胖帶我們來的祕密基地

我們跟著小胖到一個可以一覽整個鹿野的高地上，帶點霧氣使得黑夜更有種神祕的感覺，想想真的很幸運，旅途中總是能碰到這麼好的人，給我們更多的精采；下山後我們找了一片空地，點燃，將煙火施放於空中，原本樸素無華存放在桶內的煙火，透過火苗的輔助，升空成為夜晚中最絢爛的一道風景，無拘無束的綻放著，替今晚畫下最完美的句點！

3/28 2013

登場人物：老王

卑南→臺東市區

隔壁老王賣瓜，真的沒有自賣自誇

多謝好友在卑南綠色隧道旁的民宿支援，讓我們得以休憩一晚，朝著臺東前進。在這一趟旅行的過程中，臺東已經成為一種信仰，沒有到過臺東好像就不是環島，太多人提及臺東時臉上露出那種微笑的美好，讓我們早已對這個地方深深著迷，從卑南到臺東市區是相當近的，這幾天就當做邊走邊休息吧，我們想融入這裡的步調，一種緩慢而優美的節奏！

因為時間還早，我們決定到卑南文化公園去來趟探訪歷史之旅，走著走著，即將抵達文化公園前看見一群婦人在聊天，正當我們覺得在這樣的午後能夠坐在美麗的公園聊天是多麼美好的事時，忽然，婦人手上抱著的小孩子看著馬克叫了一聲「爸爸」！當下我們兩個立刻愣住，下一秒鐘麻糬開始大笑，只見馬克一臉尷尬不知所措，婦人急急忙忙的告訴小孩子不要亂叫，並用眼神跟我們示意抱歉，但是麻糬在旁邊已經笑到失控！

你什麼時候偷偷生了個寶寶！麻糬大笑

我只是比較黑，怎麼會半路有個小孩出來認親！馬克用無辜的語氣說

那小孩子叫爸爸的口氣太自然，讓我不得不相信，哈哈！麻糬說

兩個人就這樣你一言我一語，走到史前博物館。進博物館前，熱情的導覽員將我們的行李放置在一個安全的地方，我們便仔細參觀博物館的歷史文物，看著看著又更加了解以前在這塊土地上的人們是如何的生活，如何的運用智慧，留下精采文化給未來的我們！參觀完即將要離開時，導覽員大姐還迅速地用夾竹桃的果實做了一個飾品給我們，讓我們留下深刻的回憶！

到市區後，天色也暗了，打電話給民宿老闆，因為民宿名稱叫做「隔壁老王」，接電

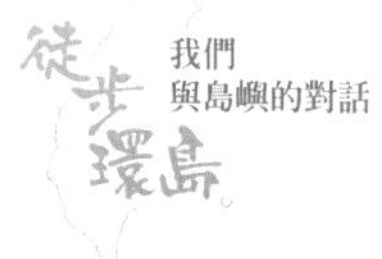

話時我們也在猶豫要怎麼稱呼民宿老闆呢？叫隔壁老王嗎？還是直接叫老王呢？但前幾日見到老闆，是個年輕人，叫老王也怪怪地，也很好奇他為什麼要叫隔壁老王，在電話中先簡短的告訴他我們會晚點到，請他等我們一下，就這樣繼續走到市區！

終於走到民宿門口，主人早已等候我們多時，並親切的招待我們，我們在門口前看到大大的「隔壁老王」四個字，簡單明瞭，進入大廳後，看到一片寬敞的公共空間，經過老闆的巧手布置，讓我們第一眼就喜歡上這個地方，也更加熱愛臺東了。上樓先將背包擱著，便決定與民宿老闆討論明天在臺東的行程，老闆說我們可以稱他老王就好，我們就問說你看起來這麼年輕，為什麼不叫小王，只見老闆豪邁地說，總不能我到六十歲別人還是叫我小王吧？所以寧願先老起來放，叫大家都稱呼他為老王就好！老王是道地的臺東人，有臺東人特有的熱情，一下子我們就熟絡起來，他說：「你們是我第一個遇到用走路環島的朋友耶，也是我開民宿後第一次遇見走路環島的客人。太熱血了你們！我大概走到巷子口的7-11就放棄了。」

「所以這裡才剛開幕嗎？」麻糬問。「對啊，開幕不久，原本抱著能夠交朋友又能夠與旅客分享臺東的美景、美食的心態開始了這間民宿，後來發現，每一位到訪的旅客，都像是一本本不同的書，有著不同的故事，讓旅人能在這裡分享，提供一個場所讓他們休息，讓他們覺得到臺東後也有家的感覺，就是我現在的夢想！」老王很難得正經地說著。

就是這樣地親切，讓我們才認識第一天，彷彿就像認識好久的朋友一般，互相分享彼此的旅程，彼此的故事，老王也熱心的推薦我們幾個必去的景點，計畫了一下行程後便早早休息，準備用心深度旅遊臺東！

Day 29

卑南綠色隧道→臺東市區

行走距離：9.2km

登場人物：臺東熊店芽芽

臺東市區

熊的堅持，小朋友的笑顏，無價

吃過最美味的蛋

與芽芽的相遇是在從鹿野走往卑南的路上，那時候的我們正好走到初鹿國小前，忽然看見旁邊騎著摩托車的她，將頭朝向我們這邊，大喊了好幾聲加油！這應該是我們聽到最有powerful的加油聲，我們也以大聲的謝謝回應，又有能量繼續往前走，正當我們繼續趕路的同時，忽然發現，前方有個人騎著摩托車慢慢靠近我們，咦！這不是剛剛替我們加油的人嗎？只見她將手上的紙袋遞給我們，又跟我們說了好幾聲加油。

這是我們與芽芽的第一次見面，她的熱情是會渲染的，好像能帶給身邊的人很多正面能量。紙袋裡面放著茶葉蛋以及咖啡和熱可可，她怕有人不喝咖啡，所以幫我們點一杯熱可可，這樣細心的芽芽，讓我們第一眼就喜歡

上她；怕我們會餓著，明明是反方向的路，還是特地繞路去買這些東西給我們補充體力，我們真的是很感動，芽芽說她還要趕去其他地方上課，給了我們張名片，便匆匆離去。

這顆茶葉蛋應該是我們吃過最好吃的蛋，雖然說不上飢寒交迫，但是那天行走時真的有不少上坡，身心早已有點疲憊，得到這麼有powerful的加油，加上熱情滿溢的茶葉蛋、咖啡與熱可可的暖意直上心頭，期待與她在臺東市區相見！

芽芽不僅有熱情、還有為了理想堅持的勇氣，我們在臺東的第二天，與芽芽約了下午到她的工作室聊天，與她一同分享故事。還沒到她的工作室，遠遠地就能瞧見大大的熊字，用鮮明的紅白做為主軸，一眼就令人感覺到朝氣蓬勃，使人心情都愉悅起來。

芽芽用微笑來迎接我們，進門後看到桌上排列著滿滿的明信片，每張明信片都像是塗

鴉般，定眼仔細一瞧，發現上面還有寫名字，字跡看起來像是小朋友的，那樣的純真與自然，一問之下，還真的是小朋友的字跡，原來，這裡的明信片全部都是小朋友所畫，每張都是獨一無二的珍寶。芽芽從彰化到臺東定居，為的就是在這裡教小朋友畫畫，希望用畫筆讓偏鄉地區的小朋友重新找到自信，每天都在不同的學校來回奔走，教導小朋友運用不同素材、不同繪畫技巧，畫出一張又一張動人的明信片，透過來臺東熊店的朋友用不同文字，一起將這些明信片傳遞到世界更多地方。

看著大門外大大的熊字，以及芽芽身上穿的熊店制服，我們在聽她分享理念與故事時，好奇心驅使，忍不住插了嘴，問她為什麼要叫熊店呢?為什麼不是貓店?不是羊店呢?

芽芽回答我們，把熊字拆成上下兩個字，上面是能，下面是火，加上用鮮豔的紅色當主色，意思就是希望這裡能火紅，希望臺東熊店能夠越來越好，越來越熱。聽到芽芽充滿自信的語氣解釋，我們知道這裡一定能越來越火紅，讓更多小朋友能夠從小培養自信，靠自己的力量去改變生活，這是芽芽的夢想。偏鄉地區的小朋友因為缺乏資源，更有許多是隔代教養，教育總是備受忽略，芽芽語重心長的講著。透過自己畫的明信片，去創造自己的價值，當小朋友知道自己親手畫的明信片變成一張深具意義的傳達或是充滿感情思念的信紙時，能夠帶給他們多大的正向能量，說不定因為這張明信片就會改變他們對世界的看法，讓他們對世界充滿希望，勇敢追逐自己的夢想，一張明信片或許很輕、很薄，但它所帶給小朋友們的，是一個認同自己的過程。

我們越聽越感動，臺東熊店交織著多少人的希望？芽芽也不想讓他們失望，總是自己承受著許多壓力，親力親為往返學校，與老師洽談教小朋友畫畫的事宜，被拒絕是常有的事，被質疑也是司空見慣，覺得芽芽為什麼要做這些事，這些事真的能幫助到小朋友嗎？

挫折的出現是一把雙面刃，是魔鬼要將你拉到地獄的一個媒介，若被挫折擊倒，就會掉入萬劫不復的地獄，但芽芽並沒有向挫折低頭，她振作起來，堅持做對的事情，儘管質疑如排山倒海般襲來也從未放棄，她說：「當看到小朋友們完成明信片時的那種笑容，再辛苦都值得！」「我要做給那些質疑我的人看，讓他們看到我的堅持，最後他們一定會明白，我為什麼要做這些事。」芽芽用著堅定的眼神說，「如果不試，怎麼知道自己能做到多少？」

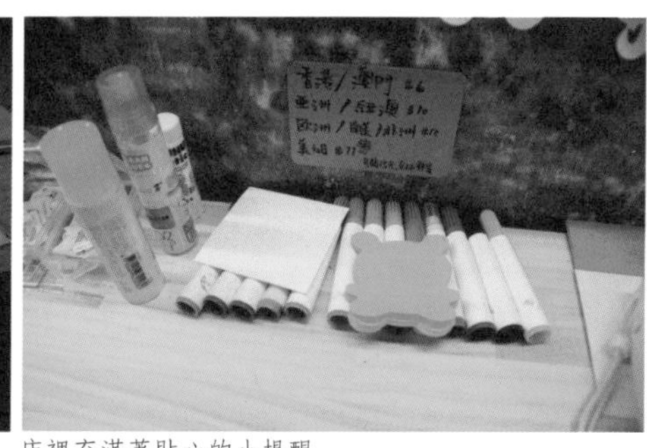

店裡充滿著貼心的小提醒

對啊，不試試看的話，我們也不會開始這趟旅程，或許外在的事物會阻礙我們的夢想，但其實，最重要的還是我們自己的內心，聽著她說的這句話，我們有著深深的共鳴！我們買了幾張明信片，在旁邊寫著給親人朋友的思念，細心的她，不僅將工作室內的一切布置得非常美好，很多貼心的小舉動讓我們更覺得很感動，不僅幫我們貼郵票，旁邊還寫著各國的郵資，工作室內的牆上，滿滿寫著對芽芽的祝福，我們替芽芽感到開心，也因為她嘗試且不放棄，才有機會使我們相遇，我們知道臺東熊店會一直走下去，帶給更多小朋友希望。

怎麼樣的種子能夠發芽成長茁壯呢？我想答案是一棵願意成長的種子，一定能成長茁壯。

在這趟旅程，我們看到許多希望的種子在萌芽，在他們身上我們看到他們用理想灌溉自己的心田，用堅持支撐自己的夢想，這趟環島什麼都沒學到也沒關係，至少我們學會，懂得朝自己的理念勇敢地走，長長的路，要慢慢努力的走，但我們知道，在這片島嶼還有很多人跟著我們一起走，不用怕孤獨！

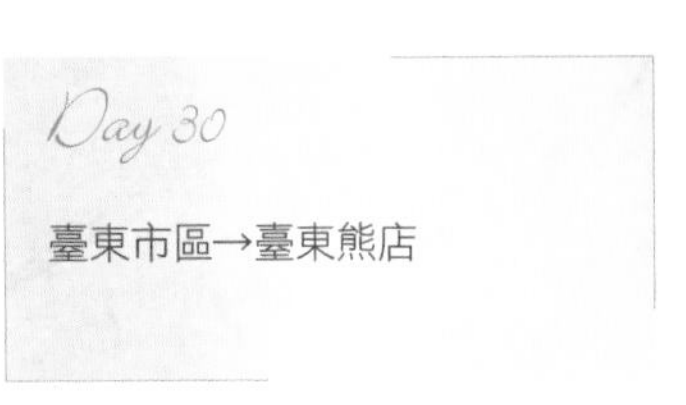

3/30 2013

臺東市區↓金樽

在海岸線流浪

「沿著臺東的海岸線去流浪，你會發現許多意想不到的驚喜。」之前陪著我們走了兩天的耀天曾經說過。

記住他說過的這句話，今天不小心又多留在臺東一天，決定朝臺十一線前進，不知道騎了多久，右側的海岸線使我們深深著迷，早已忘記時間，直到看見「杉原海水浴場」這幾個斗大的字體，這裡就是美麗灣，一個令原住民朋友無法接受的事實。原本無拘無束的海岸，因為水泥建築在這裡恣意興建，自由的空氣就像是遭到箝制，只要水泥建築還在的一天，就無法自由自在的呼吸著。

我想起曾經看過的一本書《西雅圖的天空》，內容主要講著環境、土地與人類之間共存關係，以及白人與印地安人的對話。裡面

有段文字提到酋長對白人吐露的內心話：「你們怎麼能夠買賣天空、土地的溫柔、羚羊的奔馳？倘若空氣的清新與水的漣漪並不屬於我們所有，我們如何賣給你們？當野牛已經死盡，你們還能再把他們買回來嗎？」

不知道為什麼，想到美麗灣的議題時，或是自己親自到達美麗灣的現場時，腦中都會想起書中的這段話，當自由的海岸，屬於全體臺灣人的海岸，被財團所興建的水泥建築所占領，你們怎麼能夠買賣，這份屬於自由的空氣呢？

離開杉原海水浴場時的心情有點複雜，吹吹海風，我們先將不愉快拋在腦後，繼續往海岸線前進。看到都蘭糖廠的標示馬上左轉彎進去，想要品嘗老王極力推薦的都蘭小房子漢堡，說是只有臺東才吃得到的好滋味！

原本的糖廠經過藝術家的巧手，變成藝術家展現作品的地方，形成一個小型的藝術村，才走進都蘭糖廠，各種創意的建築與作品在這裡呈現給來訪的旅客，每個藝術家擺著自己創作的物品，這裡面的氛圍是放鬆的，兩個人點了個漢堡，靜靜地坐在吧檯前，享受一種身處世外桃源的氛圍。

今天我們最遠騎到金樽，看到金樽海岸的衝浪客絡繹不絕的前來，許多衝浪好手在這裡互相競技，過癮極了。先前在杉原海水浴場拍照時，遇見一個要前往金樽衝浪，中文說得很好的法國人，我們抵達金樽後正巧又遇見他，他已經在臺灣住十幾年，到處都待過，最後選擇定居臺東，他說：「在我流浪的過程中，臺灣的美讓我離不開，直到我發現臺東，我更堅信，這裡就是我的家。」

都蘭糖廠，創作者的天堂

Day 31

臺東市區→都蘭→金樽

原來 Frédéric 是個英文老師，在他旅行世界的那一年中碰巧接觸中文，便深深地愛上東方文化的一切，毅然決然地離開家鄉，跑到中國定居學習中國歷史、語言以及文化。有一次跟朋友一起來臺灣玩，就是那一次，他笑著告訴我們：「改變了他的一生。」他愛上臺灣的人情味，還有這塊土地上無價的山與海，過沒多久就搬來臺灣定居，直到現在。

「那你從來沒有想回法國嗎？」我問。他回說：「人沒有辦法選擇自己出生的地方，但是能夠選擇自己居住的地方。」

所以 Frédéric 選擇臺灣作為他一輩子的居住地，看著他在浪板上與海浪搏鬥的身影，我們很高興能夠遇見一個如此深愛臺灣的朋友。喜歡上一個地方的理由會有很多種，但願意居住在一個地方的理由只有一種，就是「認同」，我們也希望在這塊土地上的每個人，都能夠認同自己的故鄉——臺灣。

3/31 2013

臺東市區→太麻里

曙光在這裡與浪漫相遇

太麻里，排灣族語中意指「太陽照耀的肥沃土地」，而這裡也不負眾望，每逢跨年時節，人潮就匯聚在此，為的就是一睹第一道曙光的感動，代表新的一年即將開始，萬物像是重生般的迎接這第一道光芒。

我們路經太麻里車站時，看見筆直的上坡便一路走上去，想感受從太麻里車站看向大海的感受，這個車站真的好美，站外就是一片汪洋大海，筆直的路就像一路通往大海，太平洋的聲音在呼喊著我們，我們聽得到，真的聽得到。

鄉愁

離家超過一個月了，明明是在臺灣，不

他好像在對我們說：歡迎光臨太麻里

是在國外，卻意外的想起家鄉，即使還是在同一塊土地上，兩人坐在太麻里的海邊，看著大海，分別想著自己的家人。太平洋，對某些人來說是思念的海，是悲傷的海；對我們來說則是回憶的海，順著她的輪廓一路走下來，總是陪伴在我們身旁，疲憊時，從海邊吹起陣陣強風提醒我們振作；沮喪時，就與太陽約定好，在我們面前展現最亮麗的一面。旁邊有位金髮，穿著整身自行車衣的大哥走過來，問我們還要多久才能騎到臺東市區，聽他的口音不像臺灣人，詢問之後才知道原來是香港人，一個人騎單車環臺！

這裡的海好壯觀啊！香港是看不到這種景色的，真想在這多住一晚！香港大哥說

那就一起來看海吧，剛好多買了一瓶啤酒。我們說

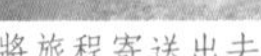
將旅程寄送出去

三個人就在太麻里的海邊天南地北的聊著，好險香港大哥的普通話講得還不錯，都還能聽得懂，聊國家、聊旅行、聊工作……伴隨著海浪的聲響。閒談之中得知香港大哥已經旅行超過一百個國家，但他說這裡的海，是他走遍全世界看過最美的！

好羨慕臺灣人，能夠擁抱世界上最美的海洋。香港大哥說

我們也這樣覺得，從北海岸開始一路走來，一直都認為臺灣的海是全世界最美的；任憑海風在臉上吹拂，好舒服。過了不久香港大哥要趕往臺東市區，與我們道別，我們倆繼續看著海，一起想著回家的道路，講著回到家要如何大吃大喝，看一場電影，每天什麼背包都不用背，輕輕鬆鬆的出門，講著講著，躺在海邊慢慢地睡去，夢裡面的道路變得好短，好像隔天就能回到臺北。

東邊升起，西邊落下，每一天的東升西落像是一場盛宴，抵達太麻里的第一天，我們除了到海邊，哪兒也沒去，隔天一早又到了海邊，早晨的漲潮聲陪著大海，看著太陽升起，曙光出現，前方一對跟我們一樣早起看日出的情侶十指緊扣，像是許願般地低著頭，默默的感受日出之光的沐浴，我們陶醉在那樣的氛圍中，靜靜地感受日出。

4/1 2013 登場人物：戴牧師

臺東太麻里

重新拾起小米的穗

還記得第一次見到戴牧師是在課堂上，那時候他在臺上與我們分享臺灣原住民的今與昔，以及原住民在整個南島語系的重要性。在臺下聽著牧師的講課，逐漸把我們帶入原住民發展的歷史脈絡裡，印象非常深刻，配合他的招牌笑容，至今仍是記憶猶新。

從太麻里前往新香蘭部落的路途並不遠，前一晚與牧師約定好時間，想來拜訪牧師所成立的拉勞蘭小米工坊，以及參觀新香蘭的部落青年會所和獵人學校。從遠處一眼就可以認出牧師，神采奕奕的他，一見到我們便帶我們到拉勞蘭小米工坊參觀，雖然今天工坊並沒有營業，但透過牧師簡單的介紹，我們

了解這裡對牧師是有特別意義的，他希望能夠鼓勵族人重新栽種小米，研發出多種小米食品，延續拉勞蘭文化。牧師告訴我們，小米工坊內的一切都是他們靠著手工一步一步的打造出來的，憑藉著他們的堅持，越來越多人行經太麻里時，都會到此一遊，體驗小米文化，並讓更多人走進新香蘭部落內參觀！拉勞蘭是排灣族語，代表的是肥沃之地，透過牧師的努力，讓更多人看見屬於排灣族的傳統文化，以及堅持的信念！

吃到超好吃的小米餅乾，喝了杯超濃郁的小米酒，我們隨著牧師走到頭目的家，從遠方就看到一個立牌，寫著四個大大的字，「頭目的家」，牧師告訴我們用頭目的家來區分，往上住的是排灣族，往下則是阿美族；由於剛剛從太麻里走過來的時候，抵達新香蘭之前我們還看到舊香蘭的指示牌，那裡居住的族群以閩南、客家與阿美族居多，聽著牧師想要重新找回自己部落文化的決心，看著牧師堅毅的神情，我們知道，他一定做得到。

獵人

哇！那邊掛著一束一束色彩繽紛的東西，那是什麼？我們問道。

牧師拿起一束自豪的說：「這叫做紅藜，是臺灣原生種植物，也是我們原住民的傳統作物，營養價值相當地高，在釀造小米露的過程是不可或缺的添加料。」我們一人拿起一束，多種鮮豔的色彩在紅藜

1. 青年會所，部落青年凝聚、討論事務的地方　2. 階級越高者，由最靠近主位的位置依序入坐

身上互相映襯，快門早已不停歇的記錄這美豔動人的植物。其實紅藜一開始只有一種顏色，從嫩綠色開始，慢慢變成鮮綠，之後再轉成鮮紅等等，多麼神奇的作物，成長的過程就像是一部浪漫的蛻變史，不僅可以拿來食用，也能夠當成裝飾品，甚至還能運用到染色上面，當成植物染最天然的原料，每株都是獨一無二的，一把種子撒下，長出來的顏色都不會相同，兩個從臺北來的孩子，對此作物深深著迷，拍了好多好多的照片！

接著我們走到了青年會所，這裡對於部落的青年來說，是最神聖且重要的地方，集會時都會在此團聚，是部落青年培養凝聚力、討論事務的地方，我們看到好多屬於排灣族的傳統服飾、頭飾以及刀飾，在裡面想像著部落青年齊聚在此的盛況，從小孩子到大人，每一階段的年齡層都有被賦予的使命，長老指揮著所有青年，並且讓男孩子從小學習團體生活，透過團結力量完成事情，緊緊地凝聚部落青

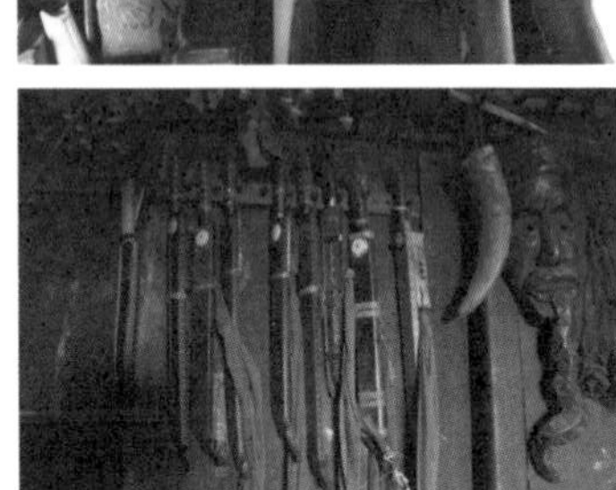

禮刀與獵刀

年的心。聽牧師說，獵人學校就是在這裡創立的，讓族人能夠了解祖先世代傳承的意志，並將此意志發揚光大，世世代代的傳承，憑藉著心的凝聚，讓文化不被歷史的洪流所沖垮，屹立不搖的在臺灣土地上，持續寫著族人的故事。

這是獵人學校的介紹：「如果有那麼一天，我們能不能有一所學校去教未來的孩子，關於土地、自然與人的關係……讓我們在臺灣這片土地上，打造一所與大自然共舞的快樂天堂……」看到這段介紹，讓我們永遠都記得獵人學校，多少土地被搶走，多少汙名掛在獵人身上，多少的不了解導致獵人被誤解，什麼是獵人呢？獵人學校的校長撒可努有著最好的詮釋：「在排灣族的語言裡指的是能聽得懂土地、雨和自然語言的人；沒有自私和利益，最知道分享的人；能力和武功智慧豐厚的象徵，所以獵人的真正意義，不是在於狩獵，而是一個自然與土地的溝通者。」

這句話深深烙印在我們心中，獵人真正的目標不是獵物，而是狩獵之後的分享，分享給族人屬於族人的榮耀，親自去了解就會知道這是他們與自然共存共生的方式，而他們始終與大自然相敬如賓，反倒是那些指責狩獵行為的人們，往往對自然的傷害才是更加嚴重，無法彌補。但現今社會上主流意志難以抵抗，大多數人被教育要符合主流意識的思潮，才是對的思潮，才能在社會上成為一個正常人，不被當成異類，在我們生活的現在，情況有好轉，越來越多的聲音能夠被聽見，讓我們再重新聆聽，那幾千公里以外，那自然的呼喊，那分享的故事，用和平的角度去看待，並嘗試認同，真正的獵人文化。

謝謝牧師帶我們參觀部落

信仰

教堂是信仰的中心，也是拉勞蘭部落族人心靈寄託的場所，牧師告訴我們這間教堂屬於全體拉勞蘭排灣族人，所有的設計都不假他人之手，每磚每瓦都靠族人堆疊，並且將傳統元素與教堂巧妙地融合在一起，將西方的教堂與東方傳統民族的文化特色，和諧的放上屬於族人信仰的十字架。

每年七月的第一個禮拜都會舉行小米收獲祭，來自世界各地的人們在此匯集，共同參與一年一度的盛大祭典，牧師笑著說當小米祭開始時，教堂這裡會住滿了人，像是菜市場般，大家一起參與這個盛會，透過收獲祭的舉辦，讓族人、讓民眾都能夠一起參與，從採收小米的儀式，到釀小米酒的過程等等，讓小米能夠被更多人所知道，老祖先的雙手栽種過無數株的小米，如今拉勞蘭的族人重新拾起小米的穗，步步重建祖先記憶，就像先祖說的，收穫季不是為了犒賞自己，而是為了感念上帝這一年的恩賜。

是的，信仰就像空氣一樣，存在於他們的血液內，生生不息的流動著！

小米

小米，是族人共同的記憶，小米酒，是我們對山上的憧憬，牧師分享著釀小米酒的浪漫故事，以前獵人上山打獵，老婆就開始釀小米酒，不同心情所釀出的酒，就會有不同的味道，有著思念的味道，擔心的味道，在夫妻之間不用憑藉言語，也能了解對方的心意，透過這一飲而盡的濃濃滋味。

牧師還提到，以前全村要修建房屋時也會釀酒，等待全村所有人一起努力完成的那一天，就將釀造的酒拿出來與所有族人共享，對於拉勞蘭部落的族人來說，小米酒是回憶，那微醺、又帶點甜甜的回憶。

在牧師推廣小米工坊的過程中，遇到的挫折也是不計其數，要鼓勵族人重新栽種，對外也要爭取政府資源，一同推廣小米文化，牧師說要有獵人所具備的勇氣，永不放棄的精神，成為一個現代版的獵人，將資源帶入部落，提升整體向心力，用小米工坊的形式讓更多人知道新香蘭拉勞蘭部落。希望牧師能夠將這個美好的故事繼續說下去，為新香蘭記錄下更多更精采的回憶！

Day 33

臺東太麻里→新香蘭

尚武→安朔
大龜文王國奇遇記

4/3~5
2013

登場人物：
漢忠哥，漢忠哥一家人

喜樂泉，從上面一躍而下非常過癮

從尚武

到安朔的距離相當短，一路上看著海水潮起潮落，伴隨著單車環島勇士絡繹不絕的加油聲音，我們開心與單車騎士分享故事、合照，並且互相祝福，暫時拋開煩惱，但是問題還是存在。

是的，其實我們今天有點迷惘，不知道該何去何從，朝思暮想的阿朗壹古道因為太晚申請的緣故必須等三天，查了一下，古道臺東端起點的南田村似乎不好找住宿，倘若要等，可能就要在安朔住下，但我們心中也沒個底，不知道有沒有地方可以住。眼看就要走到安朔了，我們也必須做出抉擇，要放棄古道繼續往前走呢，還是為了古道，留在這裡等三天？兩

騎單車環島的勇士們，加油！

替我們開出一條路的漢忠哥

南田村觀海亭

人在上網查詢和討論的過程中，恰巧被安朔麵店老闆聽到，他告訴我們有認識在安朔開民宿的朋友，若我們要住他願意幫我們聯繫，這樣就能夠先解決住宿的問題了。

麻糬說，其實我們都還是想要去征服那條傳說中的阿朗壹古道，討論的結果就是留下，在這裡等待三天，但畢竟是迫於無奈才在此停留，對這裡的一切都很陌生，也沒有先做功課，不知道，能在這裡看到什麼呢？

國王．王國

爽朗的聲音，讓我們對接下來這幾天旅程放心不少，他是漢忠哥，我們在安朔民宿的主人，笑容與光頭是他的招牌，他笑著說，自己的頭髮都還給上帝啦，榮耀上帝，逗得我們哈哈大笑！好吧，既來之隨安之，我們把阿朗壹古道先拋在腦後，決定用心好好體會安朔的人文風情；已知的美，是可預期的，未知的相遇，是值得慢慢回味的，這次未知

有臺灣圖騰的石頭　大龜文王國內慵懶的貓

且意外的相遇，相信可以發現更多美好的故事！

回到民宿放個行李，漢忠哥便說要帶我們去一個祕密景點，可以看到完整的東部海岸線，一路上漢忠哥仔細的跟我們介紹許多關於南田、安朔、尚武等地的歷史，原來他也是阿朗壹古道的導覽員，我們真的很幸運，特別是漢忠哥的父親還是位歷史學家，聽他娓娓道來這裡的過去與現今，真的是何處不學習，每分每秒都是學習的機會。

講著講著祕密基地也到了，漢忠哥拿著一把鐮刀走在我們前面，既除草也可防蛇，看著他的背影，就像個勇士替大家開疆闢土，只希望讓我們能夠見到上帝賜與的美景。多虧漢忠哥，我們順利通過草叢，一眼望去，前方海岸線清晰的令人震懾，後方是中央山脈的末段，群峰疊繞，真想在這裡搭帳篷，享受一下那種千山鳥飛絕，萬徑人蹤滅的寂靜之感，望著海，感受著山，謝謝漢忠哥，這未知的相遇真的很美好。

從祕密基地出來後，我們來到三天後即將要走的阿朗壹步道先過過乾癮，原來阿朗壹古道以前並不是這個名稱，而是稱作「卑南密古道」，主要是作為運輸要道，聽漢忠哥講解著歷史，又把主題拉回現在，提到從南田要往阿朗壹古道的路上，剛經過斯路博吉橋，漢忠哥就叫我們向右邊看，憤憤不平的說著：「這一大片就是政府準備要拿來存放核廢料的地方。」這句話的語氣中帶著無限的惆悵與無奈，我們也了解，政府總是忽視許多原住民的權益，恣意妄為，倘若我們有力量能改變什麼，讓我們也幫幫他們！

在海岸邊布滿著南田石，我們一路上邊走邊看，想找一塊圖騰特別的石頭，一顆顆的南田石安靜的躺在海灘上，等著有緣人發現。說時遲，那時快，相機的鏡頭蓋不小心掉落，當彎腰準備撿起時，意外發現一顆石頭上面的形狀就像是一座臺灣，這就是緣分吧，我們會心一笑，繼續跟著漢忠哥在海岸邊聽安朔村的故事！

往遠方望去，忽然看到山上好像有一個人沿著石壁而走，我們緊張的趕快告訴漢忠哥，不知道那個人會不會發生什麼意外，只見漢忠哥笑笑的說，無需緊張，那是當地原住民上山獨一無二的路線，只見那個人在山壁上移動自如，我們也就不再擔心，因為那是屬於南島民族最自在的路線，他們與大自然和平共處，才能得此天賦在山野中行走自如！外人總是對他們的行為多加規範，不准打獵、不准破壞生態等；其實，最尊重、保護生態的人是他們，因為他們懂得用謙卑的態度對待自然！

從阿朗壹古道回到民宿的路程，看到一個牌子上寫著「其模族文化祭祀廣場」，然後又看到我們的民宿名稱叫做大龜文王國文化園區，一堆問號充斥心中，此時漢忠哥變成了我們最好的老師。

原來其模族與排灣族不同，一開始我們以為這裡居住的都是排灣族人，但排灣族內還有一個族群叫做其模族，只是長久以來大家都只知道排灣族，久而久之就歸納在排灣族內，但其實其模族人是從小琉球遷徙至臺灣本島，他們有著自己的傳統，現在也致力於替自己的族群正名，希望找回失落的文化！

大龜文王國則是早在荷占時期就在這裡建立的完全自給自足式王國，建立時間無從考究，但這個王國是確實存在的，分布範圍包含一部分的達仁鄉，因為從前大龜文王國擁有得天獨厚的地理環境，曾經盛極一時，原來漢忠哥他們家就是大龜文王國後裔子孫，成立這個園區的目的，也是希望能夠讓更多人知道這塊逐漸被人遺忘的歷史，讓更多人知道他們家族的故事，並且將理念傳達給更多人知道！

1~3. 安朔手工皮革體驗工作坊

漢忠哥在園區內親力親為，用雙手雙腳打造良好的生態環境，推廣安朔地區的生態旅遊行程，一切都用最自然的方式去栽種作物、飼養雞隻、並回饋於這片土地，建立屬於自己的夢想園地，我們在這裡看見漢忠哥實踐的勇氣。

漢忠哥與他的妻子帶我們參觀咖啡園，並一一地向我們闡述培育的過程，他細心呵護這些作物，就像是對待自己的孩子一般。此時的他看起來更神采奕奕，因為他是在築夢，這裡有得天獨厚的土地與水，但人口流失相當嚴重，他希望能夠創造更多就業機會，讓年輕人想留在自己的家鄉，透過這個園區內的生命力擴散至整個安朔，帶動整體發展，和安朔人一起為了文化、夢想而打拚！

晚上與漢忠哥的家人一起烤肉，跟小朋友一起玩耍，大家

傳統美食．吉拿姆（音譯）

Day 35

臺東尚武→安朔

行走距離：7.2km

就像是家人一樣，大家長漢忠哥的父親邀請我們入席一起吃飯，他一看到我們兩人，就直覺以為我們是男女朋友，開始說著：「馬克、麻糬，你們這段徒步環島的回憶一定永生難忘，以後結婚之後一定會很懷念！」「有小孩之後一定要帶回來安朔這裡給我看唷，我要向你們的孩子證明你們真的有徒步環島！」

我們兩人尷尬的點頭、微笑，完全沒有一丁點的空隙能夠插話，想澄清也不行，因為漢忠哥的父親又說：「你們以後若帶不同的男朋友或女朋友來，我一定不會饒過你們唷！」漢忠哥用無奈的眼神與我們示意，好吧，今日我們就當一日情侶，配合漢忠爸，一起在園區內唱歌、烤肉、直到天亮！

這裡像是我們的世外桃源，進來後就可以忘記一切煩惱，他們很大方的與我們分享這裡的一切，讓人感動不已，這是在安朔留下最美好的回憶，也是旅程中最特別的片段之一！

4/6 2013

登場人物：阿繽

南田→旭海

古道，與海棠永恆相望

屹立不倒的海棠

等了三天，我們朝思暮想的阿朗壹古道，終於能夠一掀神祕面紗，親自用雙腳踏上。這一切都要謝謝我們此次挑戰阿朗壹步道的導覽員阿繽的協助。

現在若要走這條古道，都必須要事先申請，並要有一位導覽員陪同，阿繽在臉書上與我們相識，超級熱心的他，除了自願當我們的導覽員以外，還願意提供他在屏東港仔村的家讓我們住上一晚，解決我們最苦惱的住宿問題，接下來就剩下征服阿朗壹這個挑戰，拚了！

一大早漢忠哥陪著我們一起到阿朗壹臺東端的起點，在安朔停留的三天，就像是一場夢，來得快過得也快，導覽員阿繽已在入口處等候著我們，忽然很難接受就要與漢忠哥分離了，他對待我們就像家人一般，如今又到了離別的時刻，縱使告訴自己離別才會有下次的相遇，還是很討厭離別的感受，有不捨、有痛苦，千言萬語幻化成一個擁抱，希望漢忠哥能夠朝著自己的夢想持續前進，約定好等我們完成這趟旅途，一定會再去拜訪他，一個回頭，漢忠哥的祝福在我們耳邊繚繞；往前看，等著我們的是阿朗壹這條長長的古道，上面有多少人踏過的腳印啊，多少人用不同的雙眼凝望那片海，獨一無二的海！

走進入口，電線桿上面大大的畫著箭頭寫著「屏東縣」三個字。思緒逐漸拉回到第一天，還記得曾經捏過自己的臉，只為了確定這是不是真的，現在我們真的即將走到屏東縣，臺灣最南端的縣市。

終於，走到制高點

以前還曾經無知的問大學同學，你家住屏東唷，那應該離墾丁很近吧？那時候只覺得墾丁就是屏東，現在回想起來才知道這個問題有多好笑，原來就連屏東市區離墾丁也還有好長好長的一段距離。走了這一遭，慢慢了解臺灣整體輪廓，不小心遇到很多美好的故事，現在跟隨著阿繽的腳步，我們一步一步往屏東縣旭海鄉前進！

阿續告訴我們跨過桃瓦溪之後，雙腳踩的其實就是屏東縣境內，使我們兩個興奮不已，我們終於跨到屏東了。在進入古道前，有一棵直挺挺的海棠樹讓我們印象深刻，孤單隻身佇立在古道前，就像是在守護這條屹立不搖的道路，不知道從什麼時候就在這裡，春夏秋冬，潮起潮落，用自己的方式歡迎從屏東到臺東的旅人，也歡送從臺東要前往屏東的旅人，我們在它的注視下走入屏東縣，看著多少旅人經過這裡，它始終盡好自己的本分，讓大家都能找到回家的路。

1. 月桃，葉可以拿來包粽子，梗可以拿來編織 2. 超可愛的指標

一路上阿續向我們介紹許多特別的植物，在我們行走的路線上看到林投果、月桃、有著野百香果之稱的毛西番蓮、血桐等，還教我們如何判斷真假檜木，看著阿續如數家珍的介紹著這些植物，就像是個活字典，阿續笑著說，其實他以前從來不知道這些東西，一切都是在屏東港仔村定居以後，成為阿朗壹的導覽員之後，才逐漸懂得動植物的名稱。

一問之下，阿續其實也是臺北人，他也是追夢者，從臺北開始徒步環島，但走到屏東的港仔村後，他先將環島計畫暫停，自願地留在這裡幫助當地小朋友，擔任課後輔導的志工，也熱情地接待來自各地的旅人，帶領他們走完阿朗壹古道。原本擔任婚紗攝影的他，早已習慣臺北的都市生活，但到達港仔村後，留下來的理由卻很簡單，只因為他發現這裡的小朋友需要他；因為這樣，他在這裡從零開始，自己租房子開始新生活。因為旅行，我

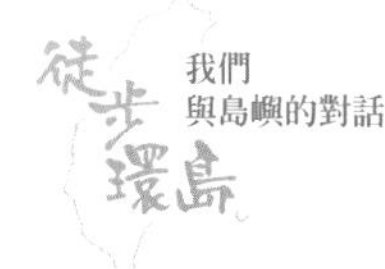

們相遇，在阿朗壹這段路上，我們看著他用微笑面對挑戰，用誠懇學習新知。

聽到海岸邊傳來的聲音嗎？不只是浪的聲音，還有石頭在浪的推移之下，所產生的自然樂音，整片圓滾滾的鵝卵石在這裡與海浪相互作用，阿繽說這稱作「潮騷」，聽著潮騷往前走，一開始平坦的道路還好，對體力來說不成問題，但中段必須爬上一個制高點，過程中辛苦了點，但有著阿繽的鼓勵與搞笑，我們硬是一鼓作氣的爬上去，往下一看，海岸線的尾端好像連接到天堂，雖然看不到盡頭，但我們知道，這是臺灣最真實的輪廓，地圖上面畫得再怎麼精準，都不及親眼所望這道完美無暇的曲線，讓我們在制高點上一飽眼福，稍作休息後，繼續完成這段挑戰。

雙腳踏在全臺灣唯一還沒有公路的路線上，是很不好走的，但我們走得很高興，很心甘情願，或許有人覺得我們很傻，花錢、花體力、花時間來走這段路，但有時候選擇難走的路，其實更值得。我們在路上發現學到更多植物的名稱，聽到更多屬於這段古道的故事，認識很多征服古道的同好，每一個替我們加油的人，給我們的每一聲問候，我們都把它當成肯定自我的精神，終於看到屏東端的檢查哨，代表我們快完成今天的旅程，通過檢查哨後，繼續往前走會經過一個警局，上面的牆塗滿恭喜征服阿朗壹的文字，給走過這段路的英雄最即時的鼓勵，稍作休息，我們繼續往今晚要住宿的地點，港仔村走去！

Day 38

臺東南田→屏東港仔

行走距離：28km

4 / 6~7 2013

登場人物：阿繽，阿繽女友，月琴婆婆，古大哥

屏東港仔

飄洋過海的浮球，使旅人相聚在此

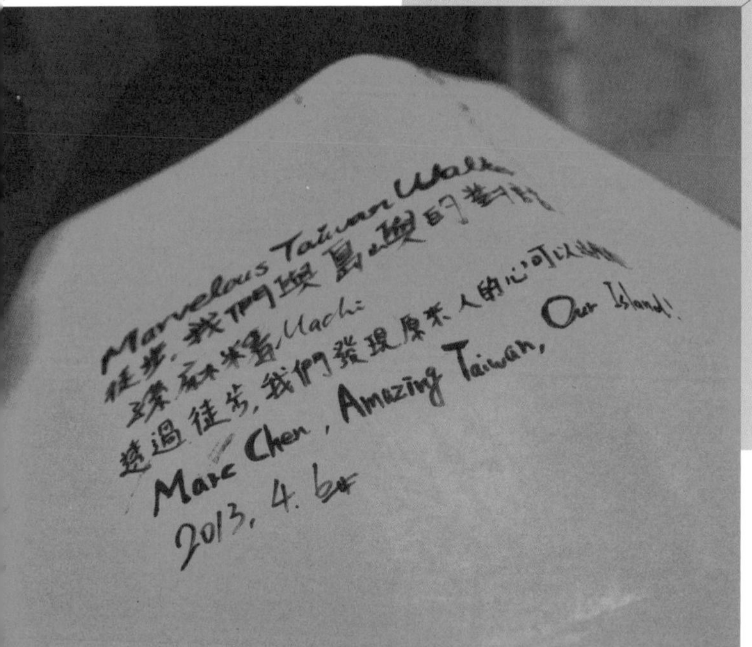

追夢的勇氣好像是會傳染的。在阿繽陪我們走古道的這段時間，其實我一直看著他的背影，很佩服他的勇氣。他在網路上熱情邀約我們住他家時，只覺得他是個很熱心的人，但了解他後更發現他的細膩與真誠。

阿繽在徒步環島走到這裡時，因為深感這裡的學童需要幫忙，便毅然決然的留下來做志工，沒有人知道他會在這裡待多久，他自己也說不準，但是他還是留下來了，這樣是魯莽嗎？不是的，我想這是一種與自我對話的過程中發現內心真正嚮往之處，於是依循而為，就這麼自然。

從找房子開始，漸漸熟悉一個陌生的環境，適應從臺北搬到屏東港仔的生活，一切都要靠自己的雙手，沒有了隨處可見的飲料店，

沒有了隨處可買的便當，沒有什麼都賣的便利商店，完全要自己動手來，但也就這樣在屏東港仔村定居下來了。

在熾熱的陽光下，走到阿朗壹古道屏東端的盡頭，旭海村。那耀眼的陽光透過南田石反射到我們身上，有點熱到頭暈，不知道我們是如何征服這一段的路途，汗水乾了又溼、溼了又乾，謝謝檢查站人員的加油聲，讓我們又從疲憊的深淵中甦醒。在此稍作休息後，阿續貼心的將我們的大背包先載到港仔村的住家，而我們今晚要落腳的地方沿著臺二十六線繼續走還有段相當遠的距離，因為太想要找個地方好好休憩，所以不偷懶，馬上朝著港仔村出發！當地熱情的原住民婆婆得知我們在徒步環島後，還一人送我們一杯保力達B當做禮物，就這樣，充滿了能量繼續往前走囉！

透過阿續的介紹，我們第一次得知港仔這個地名，旅行總是帶給我們無限成長，多了解一個地名或許沒什麼了不起，但是透過旅行的累積，我們了解的不只是一個地名，而是一個地方的文化與歷史。

位於滿州鄉的港仔村，東鄰太平洋，與牡丹鄉交界，沿著臺二十六線，路上看到好多軍營，忽然間，草叢中發出聲音，我們不知道是什麼，這條路上前無來者，後無車輛，加上大背包的防身物品沒放在自己身上，有點小擔心，突然看到樹與樹之間有某種生物快速的穿梭著，樹葉被弄得吱吱作響，那快速移動的身影使我們的眼睛還無法定焦，仔細一瞧，還不只一隻，是整

一群，立即尖叫了起來，再冷靜點一看原來是猴子啊！

這段路的猴子還真多，在綠樹林蔭的樹叢間往返嬉戲，我們早就聽聞人家說有猴子出沒的話要小心食物被搶，此時更是將自己的食物視為珍寶，快速通過這個地方。再往前走，我們逐漸看到了海，是那婀娜多姿的太平洋，海浪打到岸邊的節奏有快有慢，好像是岸邊站了個指揮家一般，在空中揮舞著無形的指揮棒，讓每道打在岸邊的浪，都有著獨樹一格的節奏，儘管今天的太陽若隱若現，我們只要看著太平洋的海水，心情平靜了，內心也再度充滿能量，第三十八天，我們與島嶼的對話持續著。

往前繼續走就看到一路上租借沙灘車的招牌，剛開始還不知道原來港仔最有名的就是飆沙，直到快走近港仔村時，映入眼簾的就是一大片的沙漠才恍然大悟；從遠方看過去，吉普車快速地在沙面上移動，但還來不及定眼細看，目光馬上又被左方海灣所吸引，原來這就是相當有名的牡丹灣。

旅人的家

牡丹灣的完美弧形可與東澳灣媲美，忽然間海上多了幾條長長的直線，五臺水上摩托車在海上馳騁，看到當下除了羨慕還是羨慕，太平洋好像被他們獨占了，心裡頭有點不甘心，正確來說應該是嫉妒吧，嫉妒他們能夠在世界上最美的海洋上奔馳著，不知道在海上的感覺是什麼，也能夠像我們一樣

靜靜地品嘗海洋的滋味嗎？他們應該能更直接的感受到海洋波起波落的瞬間吧！

凝視著牡丹灣捨不得離開視線，直到阿績來接我們，準備帶我們到他港仔村的家。往前繼續走了一段路，此起彼落的尖叫聲不絕於耳，原來是沙灘吉普車上面載著的遊客，相信這沙漠中起起伏伏的地形，將會是他們對港仔最深刻的回憶；此時又正逢墾丁春吶，滿滿的人潮在沙中狂灑人生，這一秒剛聽到這邊的尖叫，下一秒又聽到吉普車疾駛度過港仔溪時溪水濺到遊客時的笑聲。今天視覺與聽覺同時都獲得大大的滿足，想不到最後還能用觸覺的方式感受港仔，因為溪水太高，我們必須把鞋子脫掉好跨越溪流，拿著登山鞋躡手躡腳的過河，可真的是跋山又涉水，赤著腳走了一段路，石頭在腳上留下印記，看到一棟矗立在田野中央的房子，阿績告訴我們，他家到了。

阿績說，這裡是他的夢想之地，門前有池塘，背面有山坡，要水就自己接，要燒開水或煮飯就自己劈柴，講著講著，又到冰箱拿出一隻飛魚還有自己釣到的薯鰻，他開心又帶點驕傲的說，是來這邊才學會釣魚的唷！也是來這

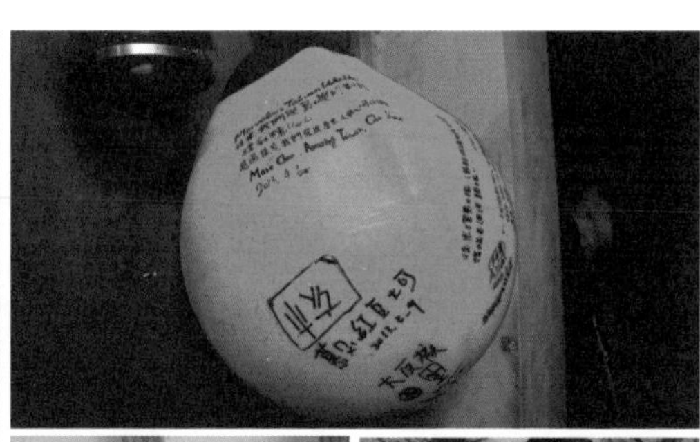

薯鰻

邊才懂得要揀怎樣的木柴才會比較好燒。阿繽帶我們到放木柴的地方，講解著如何使用刀子劈柴，換我們試試看時，果然大夥都是都市人，第一刀劈下去時木柴好像輕視我們，一點反應都沒有，有點被激怒進而連劈數刀，依舊無任何改變，阿繽說要劈對地方，第一刀必須先讓刀子能夠砍進去木柴中，接著往地板大力一敲，木柴應聲斷成兩半，再慢慢地將木柴拿進去熱水爐裡面燒，「這是你們今天的洗澡水，可要好好的燒，不然就沒熱水洗澡了唷！」阿繽在我們旁邊笑笑的說著。

看著我們劈完的木柴，陷入一個短暫沉思的時間，想著在我們的時代中，從未知道為什麼要劈柴生火，因為我們有瓦斯爐，電磁爐，電熱水器，根本沒有去想過以前的人要這麼努力才能生活，而我們卻將現代的科技視為理所當然，變得不珍惜、不知足，甚至浪費，渾然不知自己劈柴的生活或許才是最富裕的，不用受到能源限制，取之於自然，用之於自然！忽然想起在臺東熊店時看到慕紅豆所發行明信片上面的一句話：「燃柴是細漢的記持，紅豆湯是幸福的堅持，過生活是一世人的代誌，過生活，要很認

真，不能忘本。」

趁阿繽女友幫我們準備豐盛菜餚的同時，我們瞥見一顆相當鮮豔的橘紅色圓形物體，好奇的問這是什麼，原來是個浮球，再仔細一瞧，上面還有人用簽字筆留言，使我們更加好奇這顆浮球到底是什麼來歷。原來，許多環島時借住阿繽家的旅人都會在上面簽名，有同是徒步的Allen、慕紅豆等，甚至還有一位從日本拉著推車來走中橫的大叔；阿繽也希望我們能夠在上面留言，寫下旅程中的感動，簽上祝福，希望下一位抵達這裡的旅人，也能獲得滿滿的感動！

阿繽輕描淡寫的說希望讓旅人在這裡有一個家的感覺，這句話深深烙印在我們心裡！來自不同地方的人們，雖然不一定同時在此相聚，但透過這顆從異國飄來的浮球，我們相識了！儘管不是在同一個時空下，我們還是透過了黑色的筆觸以及文字的力量相遇了，橘紅色的浮球上面寫著旅人追夢的文字，也寫下我們逐夢的回憶，雖然旅人無法在這停留太久，但他的心與夢透過文字都留在這裡了，讓我們相遇在橘紅色的平面上，痴痴地看著每個旅人所留下的回憶，我們心裡想著，在我們留下留言的瞬間，又是與下一個旅人相遇的時候，不斷漂浮的浮球，就像找到了家一樣，靜靜地掛在阿繽家，等著下一位旅人的到來，告訴他前一位旅人的故事，不斷地歌頌下去，屬於旅人的回憶。

跟著我一起唱

前一晚聽著阿績介紹月琴這種樂器，還聽說有位國寶級的月琴婆婆住在港仔村，兩人都想去聆聽月琴的音色，於是與阿績約好，在港仔村的第二天一起去拜訪月琴婆婆

原來月琴是長這樣啊！在月琴婆婆的家中，我們看見了真正的月琴，婆婆也向我們解釋民謠與月琴對滿州鄉的重要性：「這是文化，透過這些民謠與傳統樂器的傳承，充分的反映了以前人民生活的喜怒哀樂，一首民謠就是一個小故事，透過吟唱不同的傳統民謠，將許多故事拚湊在一起，讓現代人能夠了解過去的文化與歷史。」

拿起月琴彈了幾下，發現音色非常尖銳細膩，感覺適合獨奏，逐漸對這項樂器產生興趣，後來月琴婆婆的客人古大哥也抵達港仔，大家就在月琴婆婆的家門口坐著一起吃麵，而古大哥則是從車上拿出月琴，當場就彈奏好幾首經典民謠，像是〈思想起〉、〈楓港小調〉等等，我們兩個也被 cue 上臺，陪著他一起合唱，打拍子，瞬間變成了一場小型的演唱會，古大哥宏亮的歌聲配合著月琴的琴聲，加上我倆不太協調的打著拍子，好不熱鬧！

在阿績家我們看到了單純的生活，似乎是久違的簡單，在旅行的途中我們學習到，原來可以很簡單的去享受自己所擁有的生活，可以在最簡單的地方寫出不簡單的故事；他跟我們一樣是個旅人，用自己的內心在港仔村繼續寫故事，而我們，也與所有用心看待臺灣這塊母親之地的旅人，一起寫下每分每秒感動人心的故事。

4 / 8~10 2013

登場人物：民宿老闆娘、藍靜、明欽

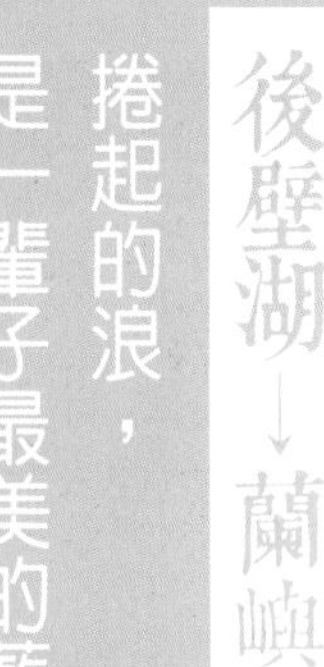

第一次要從臺東富岡前往蘭嶼時忽然降下大雨，船也宣布停開，興致勃勃的我們只能作罷，本來以為去蘭嶼的夢就這樣結束，後來經由朋友的提醒，原來從屏東後壁湖漁港也能搭船前往！

其實決定要去蘭嶼是個意外，本來沒有打算前往任何離島，但就在我們兩個閒聊的過程中，發現彼此都沒有去過蘭嶼，又看到、聽到曾經去過蘭嶼的人告訴我們，那裡有多美，美得令人不可思議，身為隨性行動派的我們，在屏東港仔村的時候就把船票訂好，一早與阿繽告別，前往後壁湖漁港準備搭船，前往那飛魚的故鄉，蘭嶼！

就在我們決定前往蘭嶼時，很多人都問我們要怎麼去，竟然還有人叫我們用游的過

去，說什麼假如搭船的話就不算徒步環島了；但游泳會出人命的，各位客官！我們還是決定搭中午的船隻前往蘭嶼。到達搭船的地點，只見遊客陸陸續續的出現，一上船看著眼前的一片大海，想不到這次環島行動連離島都要征服了。船慢慢駛離本島，朝著蘭嶼而去，搖搖晃晃的船身，不像用雙腳走在土地上這麼平穩，在船上的我們，想著蘭嶼的海會有多藍？想著蘭嶼的土地會有多少動人的故事？就在船身起伏之間，慢慢睡去。

一覺醒來，開元港三個大字就在我們眼前，終於抵達蘭嶼的港口，懸掛在背包上的反核旗幟受到風的鼓舞，飄逸得更精神抖擻，聽說這裡的發呆亭可以讓人坐上一整天，還聽說這裡的羊比人還多，許多聽說的事情，我們要靠著自己的眼睛、雙腳、內心來證實，這就是傳說中的蘭嶼。

蘭嶼也是有中部橫貫公路的，民宿老闆打趣的說，原來是一條貫穿東西部，可由東邊野銀部落通往西邊紅頭部落的道路；我們在民宿認識兩位新朋友，一位是騎摩托車環島的熱血上班族明欽，另一位則是從四川過來自由行的女孩藍靜，大家決定一起把蘭嶼環一圈。

才剛踏出民宿的大門口，就看到羊群或坐或走的在路上，這裡是土地與動物之間和平共處的最佳寫照，我們看到尊重，看到互助，就在都市人還自以為用現代化的藉口來傷害生態、生物時，蘭嶼給了我們一記當頭棒喝，這樣簡單的共存之道，值得所有人學習！

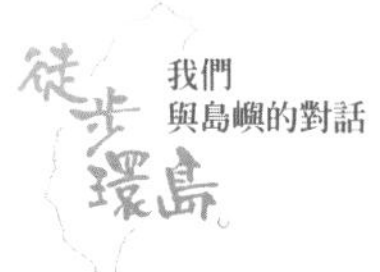

四個人一起出發，在飄著雨的蘭嶼到各個部落探訪，走遍各個發呆亭，吃著當地特色小吃，一起望著蘭嶼的海，每個人都有各自的思念，明欽是個工程師，每年都會替自己安排一段環島旅行，希望每年都能夠擁抱臺灣一遍；藍靜則是在臺灣本島自由行的時候，聽朋友說著蘭嶼的美，就決定要前往這塊美麗的島嶼，算是意外中的旅程。每位旅人背後都有不同的故事，雖然素昧平生，但旅行牽起我們之間的緣分。

往海的那端望去，海浪在岸邊捲起一道一道浪花，那種寶藍色又帶點抑鬱的色彩，配合著拍打到石壁上的巨響，一次又一次地，捲起那夢幻的藍，我們都站定不動，看著海浪，每個人都讓自己的心沉澱，閉上眼睛聽著大自然的聲音，暫時，讓萬物當主人，我們當傾聽者，體會大自然想要告訴我們的事！

晚上民宿老闆娘問我們要不要一起去捕飛魚，當然要，飛魚祭可是蘭嶼的一大特色，我們與船家約定好，依約到達港口，穿上救生衣，搭上搖搖晃晃的小船，就要出發囉！

一開始船員先示範給我們看，站在船頭，一隻腳抵在前方的物體上，一前一後雙腳保持平衡，將頭燈往兩旁緩慢的照射，絲毫不能有鬆懈的時候，手持捕魚網，船長則在後面依照前方頭燈的指示，

藍靜的即時創作，很有創意

控制方向。看到了，我們在水中看到迅速移動的物體，是飛魚嗎？只見示範的船員大哥慢慢的將網子靠近，迅速且輕巧的放入水中，說時遲那時快，往前一撈，飛魚立刻入網，我們忍不住興奮之情的大叫。

接下來換我們上場，團隊合作，每個人聚精會神的盯著海底，深怕不小心錯過機會，繞了許久終於發現飛魚的蹤跡，船長將船逐漸往飛魚的方向靠近，手持網子的我緩慢將魚網放下，結果因為手殘，竟將網子的開口放在飛魚的尾巴方向，往前一撈，飛魚順勢往前一游，什麼都沒撈到，船長大聲的喊著不能這樣，尷尬的我繼續找尋下一個獵物，就在發現下個目標的同時，忽然有一隻飛魚自己飛躍我們的船身，我將魚網往前一揮，飛魚竟然就自投羅網的跑到網子內，這一招「空中捕飛魚」就成了今天的開春第一隻，之後我們越來越有心得，在深夜的海上奮戰，看著夜空，想著以前達悟族的勇士在船上威風八面的樣子，期待每年飛魚祭的到來！

旗幟在呼喊

蘭嶼的海很美，人的心更美，民宿老闆娘對待我們就像自己

村民同心協力砌成的石牆

的孩子，她說這裡的人都很單純。是的，我們看到這裡最單純的美好。

經過椰油部落時，看到全村的人同心協力的在砌石牆，從年輕到年長，不分老少，每個人都井然有序的負責自己的工作，用聲音當成鼓勵的媒介，每個人都為了這件事而共同努力，不分彼此，這對我們來說就是最美的畫面。

之後行經核廢料貯存場時，想到一幕幕新聞的畫面，回想起達悟青年每字每句最真誠的告白，他們要的很簡單，就是尊重生活在這片島嶼上的人們，他們與我們一樣，這片土地是我們所共有的，不管是在哪裡，我們都一樣也是這塊土地的一份子，正面反面，都一樣是一體的，沒有人有權力忽略、漠視這裡的存在，沒有人有資格忽略當地人的生存權力，只要是我們的故鄉、土地，就沒有人有資格汙染這裡的任何一個地方，或將它視為垃圾儲存地。

在蘭嶼的日子雖然常常下雨，但澆不息我們的熱血，我們想用熱情去填補悲傷，在這塊美麗的島嶼上，很多故事使人動容，還在持續中的故事更多，我們希望這些美好的靈魂，能夠繼續堅持，做對的事！

Day 40~42

屏東後壁湖→蘭嶼

4/11 2013

登場人物：馬克，麻糬

後壁湖→墾丁

國境之南，我們成長的過程

在與蘭嶼相識的兩位友人道別後，我們在後壁湖吃中餐，決定先祭祭自己的五臟廟，吃完飯朝著墾丁的方向走，走著走著，詭譎的氣氛籠罩著我們，今天是第幾天了呢？兩個人怎麼都變得這麼安靜呢？

今天是旅行的第四十三天，我在日記寫著，怎麼會呢？與旅伴的溝通似乎變少了，出發前我們兩個的目標一致，兩個人也從第一天開始期待著走到終點的那一天、但我們之間逐漸起了變化，分享的喜悅漸漸消失，這是怎麼回事？旅行的倦怠嗎？又或者是了解越多，越需要磨合？在我們兩個的心中，這好幾十天來的朝夕相處似乎已經忘了一開始的那種初衷，兩個人實踐夢想的勇氣，會不會消失了呢？

跟著臺二十六線的軌跡前進，沉默始終在我們兩個身上打轉，其實今天走起來是很辛苦的，南臺灣的太陽很烈，身體上的疲憊與內心的煎熬互相交錯，在這段旅程中，這是我們沉默最久的時候，好幾天以來話都沒講上幾句，好像忽然變成陌生人，彼此都不認識彼此，曾幾何時，那些默契和幽默都像是過眼雲煙，只剩下重重的腳步聲，提醒著我們還得繼續走，沒有停下來的藉口。

有人說，要徹底了解一個人很難，透過旅行，能夠認識最真實的彼此，這是我們旅行後的感觸，在這四十幾天的旅程中，酸甜苦辣我們都一起承受，一起面對，一起分享，雖不是認識好幾年的朋友，只是因為緣分在去年夏天相遇，命運又使我們在這個春天一起追夢，短短的時間裡，我們學著互相包容，就像是認識很久的朋友才會有的默契，說旅行要怎麼樣的勇氣，怎麼樣的計畫等等。旅行最需要的是包容與溝通！因為，所有的人都來自不同的家庭，不同的成長背景，都有著不同的故事，旅行讓妳我相遇，同時也透過旅行，讓我們學習包容，互相成長。

南灣的浪在遊客的嬉鬧聲之間，顯得更有異國風情。

順著南灣路一路往墾丁走著，夜色逐漸降臨，抵達下榻的青年

旅店、放下背包的我們，彼此仍然不發一語，疲憊也影響了我們的情緒，在負面的情緒下我們選擇讓彼此冷靜一下，兩人決定自己到墾丁大街閒逛，讓彼此都能透透氣，那時候的情緒是複雜的，一起旅行這麼久的時間，忽然變成只有自己一人，非常地不習慣，但是，還是得接受。就這樣在墾丁大街的喧囂中閒逛，時間感覺走得很慢，是因為少了一個人嗎？沒有人知道答案，只知道早已習慣兩個人一起行動，一起發掘美食，一起聆聽每個動人的故事，一起克服每段可怕的上坡。墾丁大街的景色我們沒記得多少，只記得在大街上相遇的那個瞬間，彷彿周遭的人事物都靜止一樣，看見旅伴隻身一人在街上行走，簡單的開口問候，阻礙我們的那道牆就像融化一般，逐漸消失，有時候開口很難，只有勇於將話說出來，很多事情便會迎刃而解，透過一個人先開始的問候。

再一次的兩個人，一起在墾丁大街上走著、吃著、笑著，那種默契又回來了，因為我們的夢想都還在前方，也因為這樣，我們特別珍惜在墾丁的日子，不但讓我們成長，更讓我們了解到相知相惜的重要

4/12 2013 登場人物：琉璃工坊老闆

墾丁→恆春

古城，味・自・慢

古名瑯嶠

國境之南恆春半島，創下無數紀錄的電影《海角七號》就是在這拍攝，兩人都是第一次到恆春，以前總是去墾丁，沿途都沒有停留的機會，這次我們用雙腳，感受一下古城的慢，古城的靜。

還記得前一日在墾丁大街上熱鬧無比的景象，如今與恆春形成強烈的對比，街道上的人不多，大家的步調是一致的緩慢，不疾不徐的生活態度，儘管在花蓮、臺東時我們也曾感受過，但在這裡，這種感受更加強烈，或許是有著濃濃的古城味，紅磚砌成的城門守護著這裡，四面環繞，時間拉回現代，這裡依然有著歷史的味道，不掩飾的真誠，更吸引人。

好吃的綠豆蒜

融入特色的招牌

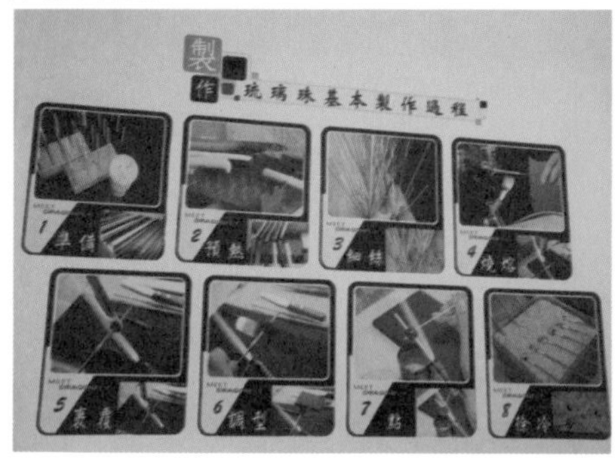

漫步在恆春老街上，用月琴做成的招牌看起來別具巧思，我們走到一間手做琉璃工坊的門口，自然而然被色彩繽紛、光彩奪目的琉璃作品所吸引，想要一探究竟。

一進門就聽到老闆宏亮的歡迎聲，老闆仔細向我們介紹琉璃的基本製作過程，讓我們逐漸了解原來琉璃製品不但費時又費工，每一道工序都必須全神貫注，稍有不慎，說不定這項作品就會失敗；但老闆說他自己從未嫌苦，能做自己開心的事，一點都不會苦，他笑著說，自己一開始也是門外漢，從頭學起，剛開始也是被師父一路罵過來，但就是因為堅持，才有今天的成果，很高興看到老闆能夠將工作注入滿滿的熱情，我想，熱情並不是嘴巴上的空談，而是遇到挫折後還能繼續堅持下去，這樣的熱情才是真正的，獨一無二。

聊著聊著老闆怕我們口渴，說要請我們喝一碗恆春最有名的綠豆蒜，沿路經過看到很

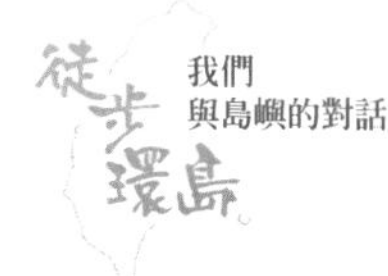

多攤位都有在賣，但這也是我們第一次嘗試，看著旁邊賣綠豆蒜的大嬸在忙，直呼叫老闆自己去裝兩碗請我們喝，就是這樣的人情味，讓我們感受到滿滿的溫暖，也是我們為什麼會這麼喜歡這座島嶼的原因，喝到綠豆蒜的時候，微甜的滋味，配合著老闆娘親切的笑容，我們喝得好開心，好開心。

走到一間復古的店門外，對老東西沉迷的我說什麼也要進去瞧瞧，外面的招牌寫著柴燒麻糬，走進店裡，整間店內瀰漫著濃濃的古早味，木造房屋、懷舊文字，每一個裝飾都是主人的巧思，看到門口放著的牌子上，寫著靜、慢、滋、味、真，這五個字將恆春描述得真完美。

點了一杯檸檬起司冰淇淋和兩份手工麻糬，老闆將麻糬包入內餡，小妹妹用雙手拿起篩網，水汪汪的大眼睛看著在篩網中的麻糬，再慢慢將粉篩掉，手上、臉上都沾到白白的粉，實在是太可愛了，讓我們吃的時候還能微笑著，在這間柴燒麻糬的小店內，時間彷彿回到過去，吃一口用心做的麻糬，嘗一杯用心泡的茶，靜、慢、滋、味、真。

Day 44

墾丁→恆春

行走距離：8.7km

4/14 2013

東港→高雄小港

我們不想當意外製造機

今天對我們來說一定是個特別的日子，因為我們即將從屏東跨越到高雄！

「高雄耶，那個以前都要搭火車、搭高鐵，熟悉卻又不太熟悉的高雄，今天就要走到了！」我興奮的說。兩人今天都特別有精神，好像走到高雄就完成環島的感覺，已經有朋友在西半部等著我們，我們加緊腳步，去迎接西半部的故事。

從東港出發，經過前往小琉球的乘船處，兩個人又有點猶豫要不要去小琉球，但是這次我們忍住，因為高雄就在前方等著我們。直直的往前走，在臺十七線的路上靠近新園的地方，有一群騎著腳踏車在比賽的小朋友，本來鬧哄哄的，看到我們兩個奇裝異服，又背著這

麼大顆背包的叔叔姐姐越走越近，忽然安靜了下來，只呆呆的盯著我們兩個看，其中一個小朋友問道：

你們在幹嘛啊？

我們在環島啊！馬克說

環島？啊你們的腳踏車呢？小朋友說

我們用走路環島啊，從臺北淡水出發！麻糬說

沉默了一分鐘之後……

不要開玩笑了啦，怎麼可能，是臺北那個臺北嗎？

小朋友似乎是驚嚇到連自己問的問題都有點不知所云。眼睛睜得大大的表情我們到現在都還記憶猶新，真的非常可愛、非常天真！那群小朋友就這樣陪著我們聊天，等於是陪我們騎了一段路，直到我們要告別他們時，他們還不死心的再問一次：「你們真的沒有開玩笑嗎？從臺北走到屏東？」

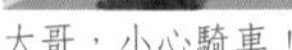

大哥，小心騎車！

熱情無限的一條橋

你以後也要這樣走一圈唷！麻糬說

這樣可以更了解我們自己的家鄉。馬克說

望著小朋友驚訝又帶點錯愕的表情，我們繼續往前走，不遠處就是雙園大橋，只要跨過這條橋就能抵達高雄！

雙園大橋因為連接屏東縣新園鄉和高雄市林園區而有此名。其實我們兩個對於走在橋上總是既期待又怕受傷害，從開始到現在，跨過不知道多少的橋，有些橋沒有設行人道，只能與車爭道；有時候是駕駛人看到我們背包後面的環島標語及旗幟，都會忍不住轉頭望向我們這邊，讓我們擔心他們會出車禍，所以每次上橋時都有點提心吊膽，但高雄就在前方，我們也顧不得這麼多，雙腳一跨就往橋上走囉。

想不到才剛上橋，真的就有人攔住我們，還好只是要把礦泉水遞給我們，並送上一聲無比熱情的

台灣隊加油！

巧遇國際風帆賽

加油聲，讓我們馬上感受到南部人的熱情，難怪有高雄的朋友曾經說過，高雄的太陽比較大顆，所以人們都比較熱情！

向前走一小段，一位大哥騎著摩托車在我們旁邊停下來，問我們在幹嘛，我們回答說正在走路環島，已經將東半部走完，現在要走回臺北，大哥一聽讚賞連連，忽然把車廂前面放著的水梨禮盒打開，說是沒什麼能給我們，就把一顆比臉還大的水梨拿出來，說是要幫我們打氣加油，都還沒來得及道謝，大哥就帥氣的往前騎走。在雙園大橋上，我們兩個就像這樣無止境的被餵食，有單車環島的勇士，有剛從小琉球回來的情侶檔，還沒抵達高雄，卻已經對高雄有了最直接的認識。透過人的分享與交流，進而認識這個地方，這個區域甚至這個國家，我想是最好的方式。看到高雄市的告示牌，興奮之餘也帶點惆悵，遠遠看著林園工業區的輪廓，我們即將走回都市了。

我們會不會在東半部待久了，已經沒辦法適應都市的步調了呢？麻糬擔心地說

我想需要一段時間適應是難免，但回到都市之後，想起曾經在東半部的時光，會更加的珍惜與懷念！馬克說

兩個人已經習慣時常聆聽自己的聲音，因為步調變慢，有更多的時間與自己對話，傾聽內心的聲音，現在即將要回到都市，我們告訴自己千萬不能忘記這種感覺，不會的，我們必須傾聽，所有人都必須傾聽，自己內心的聲音。

走完雙園大橋，我們在路上的麥當勞休息一會兒，繼續往小港趕路去。抵達小港時已經是晚上，但今天我們絲毫沒有感到疲憊，因為路人的加油聲真的給我們很大的能量，連在前往今晚住宿地點等紅綠燈時，都有一位老婆婆看到我們這樣有點狼狽，還擔心的問我們晚上有沒有找到住的地方，需不需要幫忙！她的關心是多麼的真誠，當下其實很想流眼淚，因為這種直接的關心，是最能使人感動不已，最深刻的！

與婆婆說我們已經找到住宿地點時，婆婆才露出放心的神情；不久後，又有個帥哥騎著摩托車停在我們面前問我們需不需要幫忙，其實住宿點就在前方了，但還是謝謝他的熱情，原來這位高雄人就住在附近，剛從澳洲打工度假回來不久，深知背包客最重要的就是住宿與睡眠，才會替我們擔心；彼此交換了聯絡資訊，向他道謝後就前往住宿點休息。

今天在高雄發現人與人之間可以有著如此多友善的關心，真的讓人愛死她了！

Day 46

屏東東港→高雄小港

行走距離：18.6km

4 / 15~17 2013

登場人物：仕翰、瑪德琳

蚵仔寮漁港夜景

其實還沒來到高雄前，網路上的朋友就已經用行動支持我們，推薦我們住宿地方，告訴我們地方美食，一切的一切我們都銘記在心。

今天我們從小港區移動至美麗島站附近，謝謝「就愛美麗島民宿」的小管家瑪德琳熱情贊助我們一晚，讓我們可以體驗她用心布置的民宿，這間民宿原來是老房子改建而成，重新裝潢，我們今晚所住的地方以前還是防空洞呢，但現在經過小管家的巧手設計，所有的歷史成為最好的故事，每樣物品都有著不同的背景，透過瑪德琳的一一解說，我們又更加喜歡這裡。

瑪德琳看著我們，說她其實很羨慕我們在年輕的時候能夠有這樣的一次壯遊，因為

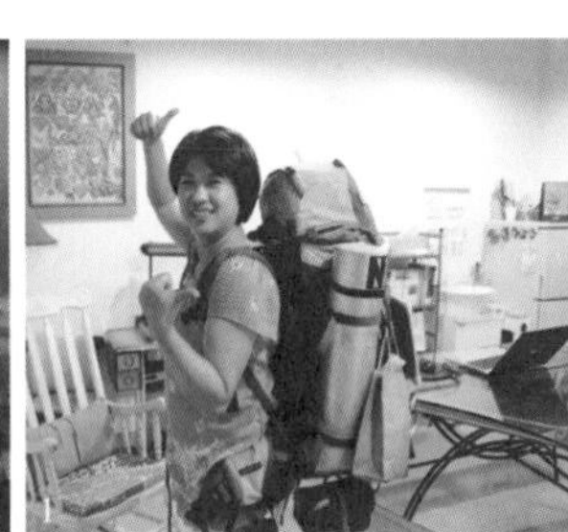

1. 勇猛的小管家　2. 中央公園站　3. 美麗島站

這樣的回憶是無價的，我們也很感謝在這旅途上所碰到的每一個人，是你們給我們勇氣與力量，讓我們堅持自己的信念，直到完成這趟壯遊，少了你們任何一個都不行。

話說兩個「臺北俗」來到高雄一定要搭乘一下高雄捷運，將行李放置在民宿後，我們就走到名聞遐邇的美麗島捷運站，順著階梯往下走，悅耳的音樂聲在站內響起，眼前有人坐在鋼琴桌前，用十指彈奏出美妙的旋律，加上站內色彩繽紛的裝飾，著名的「光之穹頂」就在我們眼前，我們以此為背景，紀念第四十七天的旅程，在高雄美麗島站。

今天算是搭乘捷運看遍高雄各大景點，買票時覺得很陌生，從開始走的第一天已經有好久好久沒有搭乘交通工具，都快忘記怎麼買了，有時候以前習以為常的動作與反應，當我們背上背包時，成為背包客時，思維彷彿也在改變，變得更單純，更直接性的思考，拋棄以前我們被訓練的複雜式思考。

沿著歷史文化的脈絡，我們在高雄隨性的走，隨遇而安，中央公園站那種一出站的氣勢磅礡，陽光打在上層的樓梯上，由下往上仰望，彷彿階梯的盡頭是光明的未來，往上走，就能看見希望！我們踏在通往希望的階梯上，一步一步將希望付諸實現！

夜景是壯觀的，是賞心悅目的，高雄的夜我想值得細細品味。

這次在在地友人仕翰的陪同下，我們看了許多地方的夜景，85大樓、西子灣、蚵仔寮漁港、忠烈祠等，這樣的夜是城市所特有的，每戶燈火通明直到深夜，證明自己在都市中還占有一席之地，還沒被遺忘。已經有好久沒看到夜景的我們，學著用另外一種角度看都市，雖然鄉村的寧靜是都市無法給的，但都市給我們的是一種指引的方向，讓我們看見回家的道路！

Day 47~49

高雄小港→高雄左營

行走距離：9.9km

4/18~20 2013

左營→臺南市區→新營

在舌尖上品嘗府城文化

旅途中，真的隨時都不能大意，來到西半部之後，心情逐漸放鬆，以為都是平地，應該很好走，誰知道今天才走沒多久，我的膝蓋與腳踝都發出陣陣劇痛，麻糬的腰部因為背包太重一直摩擦髖骨的關係也起了水泡，疼痛難耐。就這樣在兩人都負傷的情況下，我們考慮今天可能走不到臺南，要趕緊重新訂立計畫，就近休息。

就在我們將背包放在一旁，研究著地圖找尋今晚要改在那裡住宿時，一位開著貨車的司機大哥將車停到我們旁邊，用很酷的聲音說：「背包放在後面，人坐前面，上車吧，看要到哪裡我載你們去！」我們倆都還沒回過神來，只覺得這位大哥也太大方了吧，感覺是專業載

旅人的司機，一切都是這樣的自然。但兩人討論了一下，決定還是先到臺南好好休息，看個醫生要緊，於是就將背包丟在後面，坐上大哥的車。

車上與大哥閒聊，才知道大哥真的是專業載旅人，他因為上班常常會往返這段道路，只要是看到環島或是需要幫忙的人，都會義不容辭的協助，他用很樸實的聲音對我們說：「我覺得你們都是在追尋一些理想，雖然我不見得懂，但我覺得能夠成為你們實踐理想時的一小部分，就覺得很值得、很開心；我做的事都是小事，能在上班時順便幫助別人，自己會很開心，也很有成就感。」謝謝大哥今日順路載我們一程，我們會永遠記得大哥說的話，只要能幫助別人，就會很開心！

老房子，心印象

今天就在雙腳都隱隱作痛的情況下，提早很多抵達臺南。

我們卸下行李，與民宿管家分享旅途，因為都是旅人，話題總是很容易產生共鳴，抵達臺南的第一天，就在青年旅館的大廳中聊到很晚，是旅行讓我們有更多共同點，也是旅行讓我們有著更多的成長。

談到臺南，第一個很容易聯想到的就是美食，日前看過《舌尖上的中國》這本書，裡面介紹太多中國經典菜餚。飲食一直都是族群的命脈所在，飲食文化就像是一個族群生命力的延伸，是一個無法停歇的進行式，時時刻刻在變化、創新，讓文化的意志能夠留存，用飲食去襯托文化，是我們對於自身文化的使命與堅持。在舌尖上品嘗味道，同時也能品嘗到文化的溫度。我們在飲食中展現出最真實的文化底蘊，這次我們在臺南不只用雙腳感受土地，更用我們的味覺去嘗試府城小吃的迷人所在，一種食物一種情感，當我們將烹調好的食物放在舌尖上時，千萬記得要感恩，這些堅持製作美食的人們付出的精神。

臺南的美食就是有著莫名的吸引力，沿路吃著碗粿、春捲、鹹粥、肉圓、燒肉飯、意麵等等，完全就是一趟美食巡禮，每次朋友都說來到臺南就會變胖，好像是真的，一口接著一口的小吃接力，兩人都拚了命的狂吃，用小吃來當作開啟臺南這座古城的鑰匙，再適合不過了！

台灣真的很適合旅遊

而府城臺南，從明鄭時代就是臺灣的行政中心，財團法人古都保存再生文教基金會發起「老屋欣力計畫」，蒐集私有老房子再利用的精采案例，並推薦給一般民眾。透過這些介紹與宣傳，除了鼓勵民眾支持老房子的經營，並且讓人重新發現老房子的價值與創意，進而認同生活在歷史環境中的美好願景。這裡的老建築透過老屋欣力的保存與規劃，越來越多變成藝術工作者展現自我的最好場所，我們最喜歡的是神農街上的傳統房舍。

或許現代的房屋能夠讓你驚訝為何有如此棒的設計感，但是很難在心上留下特別的印象，但是老房子就不同，它雖然不起眼，但當你逐漸觀察、仔細品味屬於老房子的味道，就很容易在心中留下印象，因為那些紅磚頭、水泥牆、木板房所留下的痕跡，能夠崁進我們的心上，讓我們深深迷戀，流連忘返。

在臺南吃飽喝足後，接下來就要繼續往前走從臺十九線接臺一線，這一天我們預計走到新營，接著在新營休息一晚，邁進嘉義。出發走了不久後，一臺賣著車輪餅的大哥請我們停下腳步，當我們正好奇發生什麼事的時候，他拿出兩袋的紅豆餅，請我們吃，鼓勵我們繼續加油，早一日完成夢想，帶著滿滿的感動，很珍惜遇見的每個人，你們的祝福我們都有聽到！

今天意外下了場大雨，我們披上雨衣繼續往前走，在接近麻豆的路上，一個小朋友在媽媽的陪伴下對我們兩個喊：「背包客加油！」當下我們愣住，那種真誠為我們加油的臉龐，深深的烙印在我心中。

曾經試著勇敢的鼓勵別人的美好嗎？平時認為自己一定做得到的事情，開始去做才知道做不做得到，有時候覺得開口替別人加油鼓勵很簡單，但自己要做時卻發現沒那麼容易，試著將鼓勵的話語大聲說出來，讓那些還在為夢想拚搏的人們知道還有人在支持他們，請他們繼續努力不要放棄，微小的

事重複的做，終有一天也會成為一件很重要的事。

今天的路程比較趕，也是走得最晚的一次，從白天走到黑夜，之前都走到約莫晚上七點就會準備休息，但今天因為住宿的關係，我們決定走到新營，晚上的風很涼，沒有刺人的太陽，涼風徐徐，走在田間小路上，經過下營後，約莫又走了十分鐘，前方忽然有臺車停下來，兩個人都提高警覺，那個人慢慢走向我們，讓我們有點緊張地往後退，只聽見司機大哥說：「別緊張，我是看你們這麼晚走在這條路上，實在太危險，想要載你們一程！」兩人還在猶豫之際，大哥又說：「沒關係，我可以開著車在後面替你們照亮前方的路，這樣至少比較安全！」

謝謝大哥的熱心，我們也就不再堅持，坐上他的車，一上車大哥就詢問為什麼這麼晚還走在這條道路上，透過相機照片與故事與大哥分享旅行的紀錄。大哥說：「那你們快走完了耶！」並接著說：「真的是緣分，其實我準備明年也想挑戰環島，但我想用跑步的！」看著大哥精實的肌肉，原來是個鐵人三項的常勝軍，他說活到這把年紀沒有親自把臺灣看過一遍，好像有點可惜！聊著聊著慢慢地也抵達了新營火車站，好有趣的大哥，希望他明年的跑步環島能夠順利進行！

看著我們征服一個又一個的地方，學會勇敢，在黑夜中行走是不安全的，但我們做好所有的準備，在晚上行走的感覺有點像是重新學走路，要注意的地方不同，雖然走在同一條省道，但是少了喧囂，多了寧靜，更能夠聽清楚自己的腳步聲。

Day 50~52

高雄左營→臺南市區→新營

行走距離：35km、40km

4/ 21~22 2013

登場人物：柏憲、小葉懶人樹

新營→嘉義市區

三位女孩 築一個自己的夢

小孩子寫的字，說的話，總是很容易感動人，在行經臺南後壁附近時，我們在一間賣碗粿的店內用餐，見到老闆的女兒因為父母在忙著做生意，就安靜的站在一旁照顧妹妹、哄妹妹睡覺，當下只覺得這姐姐好懂事、討論這個姐姐有多乖。看著牆面上滿滿的獎狀，我們知道她一定很優秀，而且店內牆上還貼了兩張小孩子手繪的小海報，一張寫著「媽媽生日快樂」，另一張寫著「快來吃好吃的碗粿跟米糕」，簡簡單單的兩張小海報，帶給我們大大的感動，各位，要快來吃好吃的碗粿跟米糕喔！

在謝謝臺南後，我們踏往嘉義。

進入嘉義，也代表我們第二次踩上北迴

歸線的地標。還記得第一次在瑞穗時可真是苦了我們，幸好這次沒有地獄上坡！這個地標象徵我們已經繞了臺灣超過半圈，從東邊走到西邊。

今天與友人柏憲相約在市區星巴克，剛走進嘉義市區，經過一間飲料店時，裡面伯伯就衝了出來，拿出兩瓶水示意要給我們。我們急忙道謝，這位伯伯喉嚨插著管子，人看起來很不舒服，他用很吃力的聲音說：「雖然我的力量很微小，但只要還有能力，我會盡力的幫助別人！」聽到這句話時是既感動又羞愧，每當看到需要幫助的人，總是雄心萬丈的想著以後有能力時一定要好好幫助別人，現在我們看著伯伯，才知道只要有心，其實任何時刻都能夠幫助別人，每個人的一小點力量，凝聚之後也會變成很龐大的影響力，讓這社會更美好。

女孩的冒險

還記得與女孩A相遇在酒吧內，她是位調酒師，只聽見她仔細地聆聽每位客人的想法後，俐落地拿出調酒杯，選好各種基酒，調出一杯杯獨一無二的美酒。

她說：「每個人的個性都不同，喜歡的口味以及對這杯調酒所懷抱的期待也有所不同，了解客人的想法後，才能調出客人夢想中的味道。」她對此永遠懷抱著熱忱，樂此不疲！

你們，喜歡嗎？這是聽完你們旅途的故事，特別為你們兩個所特調的唷！不喜歡的話你們給我試、看、看！她問，說完大聲笑著

真的很好喝，一開始的味道是酸，入口後逐漸有種淡淡的清香，隱隱約約的甜，但酒的苦味還是依然存在，就好像這趟旅途一樣，酸甜苦辣都嘗盡，太棒了！麻糬說

聽完我們的故事，換說說你的吧！馬克說

你們對嘉義的印象是什麼呢？她說

不外乎就是阿里山的日出、火雞肉飯等等。麻糬說

她微笑著，告訴我們她原本也住在臺北，因為來嘉義念書才愛上這裡，之後就捨不得離開了，與其他兩位來自不同地方的女孩在嘉義相遇，在市區成立一個自己的工作室，叫做「小葉懶人樹」。裡面除了販售手工藝品外，也努力推廣嘉義在地文化，希望透過更多行動與想法，讓更多人知道嘉義的特色。

希望旅人來到嘉義能夠待久一點，慢慢地感受嘉義的人文風情。這裡的人笑容總是掛在臉上，你一

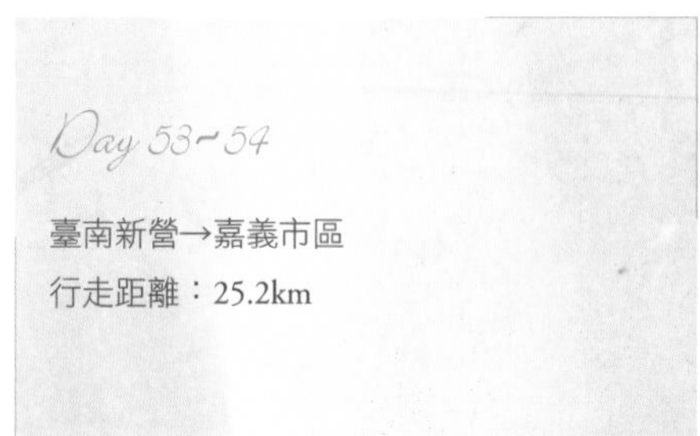

謝謝三位女孩的配合

新營往嘉義的路上，嘉南大圳新營分支

問路他們會熱情地說我帶你去，買東西時他們會說零頭就不用了，到小吃攤吃東西時老闆娘會一直關心你有沒有吃飽，見面時互相問候是基本的，但他們的聲音總是能夠這麼真誠……女孩A用開朗的聲音一一細數嘉義單純的美好。每個地方都能讓我們遇見這些用心為臺灣付出的人們，其實也沒有刻意尋找，但總是能巧遇，總覺得磁場相同的人們就是能夠互相吸引，在茫茫人海中我們與小葉懶人樹相遇，看著她們為了理想在這裡紮根，期待有一天能夠孕育出美好的果實，她們展示的不只是商品，還有理想。

若是到嘉義，在小葉懶人樹的開放空間內，喝杯下午茶，聽著三位女孩在嘉義勇敢築夢的故事，一定很值得！

4/23 2013

其實阿里山不在原本的規劃之中，因緣際會下我們獲得在阿里山車站附近免費住宿的機會，兩個人聊了起來，發現好像都沒看過阿里山的日出，趁著這個機會去一趟阿里山，希望能看到日出！

說到阿里山有一個我永遠忘不了的故事。還記得念大學的時候，曾經跟朋友兩人熱血的相約要去阿里山看日出，當天晚上抵達阿里山車站後，決定要省錢所以睡在7-11內，翻來覆去其實也沒有睡著，大約凌晨四點，坐不住的我們決定走路上山，而這個決定就是一連串悲劇的開始。

伸手不見五指的道路，路況又不熟，越往山上走氣溫越降，等到兩個人都走到觀日平臺時，才發現時間根本太早，離日出還有一個多小時，我們就這樣陷入兩難，下山也不是在

平臺等也不是，最後決定就繼續待在觀日平臺，至少可以搶到好位置拍日出。心裡這麼安慰著自己，但坐在平臺上卻感覺越來越不對勁，氣溫一直往下掉，風也越來越大，我們兩個人的外套完全無法禦寒，都開始發抖了，講話帶著抖音，不自覺的，兩人越坐越近，這也是我人生第一次這麼極度想與男生貼近，很快地，我們之間已經沒有距離。

要不要抱在一起，應該會比較暖一點！朋友說

這樣太噁心了，我做不來。我回

現在還有時間想噁不噁心，我只想活命啊。朋友說

兩個人最後還是沒有擁抱在一起，那個畫面想到就很不舒服。所以我們從背包內拿出一切可以遮風、保暖的東西，但是能保暖的衣物早已全部穿在身上，裡面就只剩下一種稍微能跟保暖扯上邊的東西——內褲。

接下來，我們就把背包裡面的內褲全部拿出來套在身上，只要能抵擋一點寒冷，我們就套，當然，味道早已不去在意，這時候真的深深有種古人所說的：「書到用時方

恨少」，而我們今天的情況，根本就是內褲到用時方恨少啊！不知道抖了多久，想起以前看電影常常會有一種橋段，就是在一些很冷很嚴峻的氣候下，夥伴一定要提醒對方絕對不能睡著，因為一睡著可能就起不來了。想到這，我們兩個也一直互相提醒對方，絕對不能睡著。我不想還沒看見日出然後內褲套著全身就這樣掛掉啊！我說。

當平臺旁邊的小攤販將燈打開準備營業的那瞬間，我的腦海第一個想到的就是天使的模樣，真的，天使降臨了！我們兩個發了瘋似的跑到攤販面前，狂點熱飲、熱食，攤販的大姐還很訝異我們怎麼那麼早就上山，第一班小火車不是還沒開嗎？此時，沉默就是最好的語言，我們什麼都沒說，靜靜地，享用人生當中覺得最美味的一餐！到現在我還是這樣覺得。

吃完餐點，我們相當愜意的走到觀日平臺準備欣賞日出，第一班小火車的遊客已經抵達，平臺上早已熱鬧非凡，導遊開始講解著如何拍攝日出才會最好看，就這樣過了很久，日出的時間也已經超過，導遊才幽幽地說，今天因為雲層太厚，所以看不到日出。

看不到日出！看不到日出！看不到日出！

我們兩個人互相看了對方一眼，什麼話都沒說，武俠小說內所謂的無聲勝有聲，當下馬上體會到。之後我們就買了下山的車票坐回嘉義，再坐回臺北，隔了好幾天才又開始聯繫，但兩個人都很有默契地從未提起這段阿里山的日出之旅，直到現在。

迷霧之間

拉回我們的旅程，一出阿里山車站後，其實有點伸手不見五指的感覺，霧氣瀰漫著整個車站，一棵棵高聳的樹木透過霧氣的襯托更顯神祕。

兩個人放完行李，決定先搭車前往沼平車站。這個車站為昔日阿里山的發展重心，許多鐵路的起點與路線在此交會，整個車站用原木概念呈現，配合著外面霧氣一陣一陣，好似來到一場夢境。從這裡開始往前走，一路上的景致令人讚嘆，步道與周圍的巨木群呈現出一種完美的和諧，加上鐵道時而點綴，難怪阿里山常常為外國遊客的旅遊首選，因為真的太如夢似幻了。

沿著步道走著，太陽逐漸西沉，落日餘暉灑在雲上，此時我們剛好穿過一個樹林，餘暉穿透樹林灑進步道之中，過份地美讓這幅景色彷彿是上帝的傑作，往前走到慈雲禪寺前，看著夕陽與雲彩在天空形成最和諧的畫面。前方的老爺爺與老奶奶牽著手靜靜地看著夕陽，直到太陽完全隱沒，他們轉身與我們聊天。

這裡的夕陽很美吧！老爺爺說

真的，用文字都難以形容的美。麻糬說

這裡是我與我老婆的相遇地點，每年今天我們都會手牽手一起上來這裡看夕陽，算一算已經四十幾年了。你們呢？是情侶嗎？老爺爺問

不是耶！只是在一起旅行。我說

是啊，我與我老婆當年也是因為旅行才在這裡相遇，那時候的我們剛好都自己一個人來到阿里山，一個人到這裡看夕陽，相遇之後，就再也不是一個人了。老爺爺說著

祝福你們的旅途順利！老爺爺牽著老婆婆的手，揮手向我們道別

隔天，我們就在人聲鼎沸的小火車上，緩緩地前往觀日平臺，今天的天氣很賞臉，日出在眾人的期待中緩緩地上升，看著它微微的探出頭，雲朵早已被霞光照射著無比耀眼，此時的天空有著千變萬化的色彩，對我們來說，最美的時候不是日出的那一瞬間，而是日出之前那醞釀綻放的過程，以及在平臺上凝望日出的所有目光，這兩者之間所構築出的畫面，足與日出相互輝映！

Day 55

嘉義市區→阿里山

4/25 2013

登場人物：環球科大教授以及學生，熱情大哥

民雄→雲林斗六 原（臭）味演講

考試前突然來個分享會，謝謝學生認真地聽我們講故事！

還記得往民雄走的路上，其實我們兩個都累壞了，但很感動的是路人不斷地幫我們加油打氣，熱心的將礦泉水遞到我們面前，滿滿的感謝這些熱情的鄉親啊！

剛出發不久還發生一個小插曲，才背著背包走了一小段，忽然兩臺摩托車在我們面前相撞，是的，就在眼前，一個婦人當場從摩托車上彈出來，而且因為她車上載了一顆很大的西瓜，讓西瓜也當場爆裂，一開始沒看清楚，還以為是血跡四濺，幸好只是虛驚一場。

目睹現場，兩人也顧不得行程會不會延誤，就將背包當成臨時的警示標誌放置在道路中間，麻糬拿著手機拍攝現場情況，我則是到路中間指揮交通，兩個人一直等到警察到來，並將照片交給警察、說明目擊情況後，才繼續

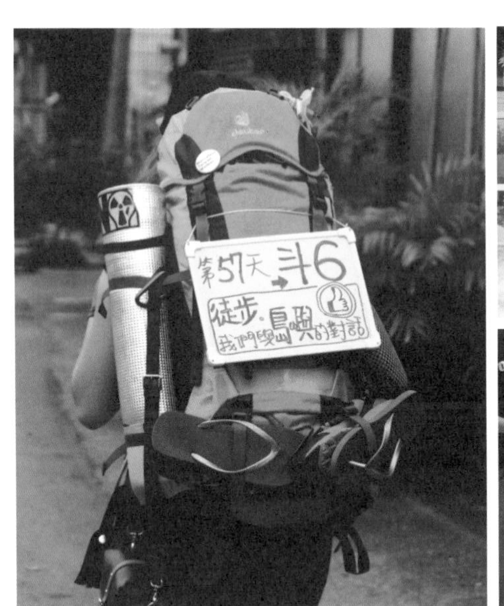

朝著目的地前進，當警察伯伯看到我們的背包上的白板時，也用力地向我們喊了聲：「加油，環島也能隨時地幫助別人，謝謝你們！」

接受到警察伯伯的祝福後，我們繼續出發，走著走著遇到一個大哥，熱情的詢問我們需不需要幫忙，隨口聊了起來，原來他去年也曾經徒步環島過，這可是遇到同好啊，他積極的幫我們找尋今晚的住宿點，這就是臺灣人的人情味吧，這趟旅程時時刻刻都在印證著一句話：「臺灣最美麗的風景，是人」，可能曾經在新聞上聽過、在報紙上看過這句話，當下只會覺得滿有道理，但我們開始出發之後，深深體會到，臺灣最美的風景，真的就在於人與人之間最單純的分享、幫助。

透過這位熱情大哥的幫助，我們在民雄稍作休息，隔天就要前往雲林斗六了！

有在關心我們臉書粉絲團的朋友，看著我

們走到西半部時那種一天一個縣市的腿力都感到不可思議，而且替西半部抱不平，認為我們在東半部停留了這麼久，在西半部卻走得如此之快。但其實我們並沒有走得特別快，大家誤會了，可能真的是因為西半部地形沒有東半部狹長，所以我們才能夠好像走得特別快，也或許是已經習慣這樣的重量、這樣的距離，一天不走路好像反而有點不習慣似的，會不會，回到臺北以後，每天都想走路呢？

在西部我們感受到不同於東部的景色、人情味，我們始終懷念東部的大山大海，卻也喜歡西部這種人與人之間緊緊相依的人情味，好濃、好單純，若要說跟外國人介紹臺灣的特色時，人情味總是會提及，外國人聽聞後也會跟著認同，這就是我們生活的臺灣，如此的特別，領土雖然不大，但島內的人將這些情感濃縮在這片土地上，用我們純樸的方式默默介紹著臺灣。

走在臺一線上，午後的天氣有點不好掌握，忽然下場大雨，我們便在路邊找了個遮雨的地方準備穿雨衣，此時忽然有臺車靠近我們，說願意載我們一程，一開始我們先是告知我們在徒步環島，跟他說沒關係我們喜歡走路，但熱情的大哥說雨勢太大，還是先讓他載一段路，也順便跟他分享我們環島的故事，我們也覺得這樣不錯，由於今天的目的地是斗六，目前離目的地還有一大段距離，若大雨中行走速度肯定會變慢，考慮了一下，我們便上車。

在車上與大哥的對談後，發現原來大哥是附近一所科技大學的教授，今天是學生的期中考，他要去監考，在車上我們分享著旅程，忽然教授丟出個問題希望聽聽我們的想法！

是什麼樣的動力，讓你們能夠執行，並堅持？教授說

因為知道若猶豫太久，始終踏不出第一步的話，永遠就不會去做了。麻糬說

那這趟旅程到目前為止，你們有什麼收穫嗎？教授說

更了解臺灣以外，我們彼此都有所成長，看事情的角度更加多元，更珍惜自己所擁有的，並且能夠完成自己的夢想！馬克說

聽完我們的回答，教授很有所感觸的說，他覺得他的學生就是少了一點勇氣與執行力，他希望所有學生都能夠勇敢的去嘗試、去追尋自己的夢，但學生或許是因為沒有機會，或是猶豫，所以使得很多事情都尚未嘗試就先放棄，教授語重心長的說，希望能夠鼓勵他的學生更勇敢的朝著自己的夢想走，他告訴我們，希望下次有機會能夠到學校分享我們的故事，我們當然願意！

車繼續朝前方開著，雨逐漸變小，我們也準備在不遠處下車，就在下車之際，教授忽然問我們願不願意現在就到他的課堂演講，他決定將考試時間往後延，先讓學生聽聽我們簡短的分享，我們想也沒想就答應了，就這樣臨時的被載到環球科技大學，準備我們環島的第一場分享會！

這場演講真是原汁原味，身上的汗都還沒乾呢！馬克說

兩個都超過二十公斤的大背包，加上待洗衣物都還在背包裡，好真實的分享！麻糬說

看著課堂裡學生一臉疑惑的看著我們兩個，感覺與教室格格不入的裝扮，後面還背著兩個大背包，有的人一直看著我們，但還是有人一直緊盯書本準備即將到來的期中考。終於，上課鈴聲敲響了，教授向學生介紹我們兩個後，大家才恍然大悟，原來我們是徒步環島的背包客，但我們也知道，待會要考試

的學生可能沒辦法全神貫注地聽我們分享，所以我們決定用活潑一點的方式，簡單介紹我們的理念與執行的過程、準備的辛苦以及旅行的經驗分享，漸漸地，學生抬頭注視著在臺上的我們，開始與我們一起跟著故事遨遊臺灣，直到分享結束。

最後我們在臺上問所有學生：「聽完我們的分享，有沒有人願意嘗試，用自己能力所及的方式去環島，看見真正的臺灣？」

講臺右前方的女孩先舉手，這一舉手帶給我們極大鼓舞，因為只要有多一人聽完分享後願意去嘗試，我們就感到很滿足、很開心。漸漸地，有兩三位同學也舉起了手，我忘不掉那天的所有細節，他們的行動就是對我們最大的鼓勵；學生的掌聲使我們很感動，希望能夠鼓勵他們，更勇敢的做夢，並且去追逐自己的夢想！

在一片掌聲與喜悅之中，我們向教授及所有學生致謝後，臨走前還幫要考試的學生加油，背起背包，繼續我們的旅途。

Day 57

民雄→斗六

行走距離：23.4km

【臺中霧峰】

不管多重，都扛得心甘情願

登場人物：國彬哥及其親友

抵達霧峰的這段期間，剛好有一場盛大的陣頭迎神，熱衷此傳統文化的麻糬與第一次參加的馬克，一起參與這次的陣頭表演！對陣頭文化的了解，也從這趟環島旅途開始有了更深入的體會。

一大早就看著國彬哥忙進忙出，忙著排練步伐、裝扮神祇、並一再確認當天陣頭行經的路線等等。國彬哥是麻糬的好朋友，也是這次在霧峰提供我們住宿的恩人，麻糬說著兩人認識的經過有著許多巧妙的緣分，或許是對陣頭文化的熱愛讓兩人有著莫名的默契，麻糬笑著說，這裡也算是她的第二個家，因為國彬哥一家人都把麻糬當成家人。

我們與國彬哥剛見面時，他就說：「孫麻糬妳也太爽了吧，竟然可以請假兩個月去環島，公司對妳真好！」

對啊，老闆娘願意讓我去追逐夢想，也同意讓我請兩個月的長假，可能是因為我很優秀吧！麻糬說

是嗎？換句話說，應該是妳在公司的重要性也不高吧，有妳沒妳都沒差，所以才能讓妳請兩個月的假？國彬哥哈哈大笑地說

你很賤耶！麻糬生氣地說

我覺得，國彬哥說的好像滿有道理的耶！馬克在旁邊忍不住附和著

就是這樣的默契以及幽默，讓我們這次在霧峰留下許多特別的回憶。

「以前我們一起到臺灣各地的陣頭參觀，拍照，並且逐漸了解陣頭文化所代表的背後意涵，象徵臺灣傳統宗教文化的形象化與制度化，透過熱鬧的祭典讓神明感受到民眾的虔誠，各地陣頭文化都不盡相同，但相同的是，每個人都抱有一顆虔誠的心。」麻糬說。

我逐漸了解到，或許能夠把陣頭看成一項大型的專案執行，每一間廟宇都會派出人馬來遶境，匯集在同一條路線上，各家廟宇憑藉巧思，讓自己的廟宇能夠最顯目，這是臺灣最重要的傳統文化之一！平時練習時看他們扛著神轎時的堅毅神情，將神轎扛在肩膀

上，用傳統的步伐不斷地踩踏，就是希望在迎神的當天能夠有好表現，看著他們排練時身上的汗珠不停歇的落下，衣服早已溼透，但每個人依舊全神貫注，為了出陣頭的那天能夠順順利利。

平時訓練的成果，迎神出陣當天就是表現的時候，還記得前一晚練習到好晚好晚，扛轎的成員或許是累了，逐漸沒辦法專心，此時國彬哥出來朝著大家信心喊話：

明天，就要出陣頭了，你們每個人的表現，都代表著對神明的尊敬，同時也代表著我們廟宇的榮耀；今天大家都累了，明天讓我們一起努力，讓這項文化能夠繼續地傳承下去。

隔天中午我們的陣頭準備從霧峰國小附近出發，早就已經聚集好多不同廟宇的人員，每家廟宇的神轎都各有特色，別具巧思，就在大夥都準備好，時間上也配合得剛好，我們這一團的神轎就在大夥的口號下，扛在肩膀上準備出發，看著夥伴用盡全力走好每一步的步伐，順暢的擺動讓神明身上的裝飾品更顯奪目，其實跟我們走路環島有點像，也是要跟著長長的隊伍，到各個特定廟宇的地點就要停留，並且用特有的習俗或傳統來敬謝

Day 59~60

臺中霧峰

神明。每一個抬神轎的人早已汗流浹背，但在他們身上看不到疲倦，反而覺得越扛越有勁，一路上伴隨著鞭炮聲以及敲鑼打鼓的聲響，好不熱鬧！

參與圍觀的民眾越來越多，隊伍也越來越長，夜色逐漸變暗後，神轎上面的燈飾開始點亮，繽紛的色彩讓人想不注意也難，加上煙火的施放，彷彿就像是一場盛大的嘉年華。因為信仰的虔誠，各地信徒也都來這裡共襄盛舉，一路上有七爺八爺、八家將等，伴隨著各種神祇遶境，慢慢往最後的集合點前進，炮場的架設早已完成，等到各家廟宇的神祇抵達後，就點燃炮在天空中互相爭鳴，現場彷彿聚集所有人的信念，將信念直達天際，傳遞給天上的神明！

用心了解一個傳統文化並不難，但大多時候因為沒有接觸就先產生了刻板印象，透過此次參與陣頭文化，我們發現這是相當具有規模且需要眾多人力資源、良好規劃，才能把祖先的文化傳承下來，為的是讓我們能夠記得前人所付出的努力，懷抱著感恩之心。

很幸運在霧峰能看到這樣壯觀的迎神活動，各地都有為了文化保存而拚命努力的人們，我們不能辜負他們，必須將臺灣文化傳承的故事，繼續地寫下去。

登場人物：僑校國小熱情志工、老師、校長，Jason

5/1 2013

臺中→后里

在我們心中建一個蝴蝶園

即將展翅高飛的蝴蝶

堅強背後

我們兩個是旅伴，私底下更是好朋友，今天是我們一起旅行第六十三天的日子，一路上有歡笑，有淚水。我們兩個都很倔強，其中一方沒說要休息，另一個人也不會休息，兩個都有極度堅強的意志力，今天是我第一次看到妳落淚，其實我的心也在落淚……。

我們走在臺中的街道上，妳接起電話，講著講著眼淚就開始落下，我有點慌了手腳，希望能知道妳發生什麼事，但是妳仍然講著電話，我建議暫時先停留在原地，等到妳講完電話，我才了解事情的來龍去脈，那時候妳的情緒相當激動，堅強的背後藏的是細膩的脆弱，能夠互相幫忙的才是旅伴，記得我們曾經約定在彼此面前都不能逞強，兩個人在追夢的過程中，我們又學習到一課。

劉姥姥逛蝴蝶園

整理好負面的情緒，麻糬逐漸又找回活力，我們繼續往北邊走，當經過臺中市僑孝國小時，看見外面貼著五顏六色的蝴蝶造型裝飾品，好奇的我們往前仔細一看，恰巧志工媽媽在門口看見我們，非常熱情的說要跟我們合照，還邀請我們到學校參觀。

僑孝國小裡面處處可見用心的巧思，許多角落都以蝴蝶為象徵來布置，志工媽媽帶著我們參觀蝴蝶蛻變的過程，看著一架攝影機用超近距離拍攝蝴蝶的晒翅過程，接著另一位吳大哥向我們詳細解釋何謂晒翅，因為蝴蝶剛從蛹蛻變而成，翅膀都還相當溼潤，若不晒翅，是飛不動的，我們隨著吳大哥的詳細講解，對蝴蝶的演變深感興趣，吳大哥提議可以到學校裡面的蝴蝶園參觀！

將門推開，裡面種滿蝴蝶的食物以及蜜

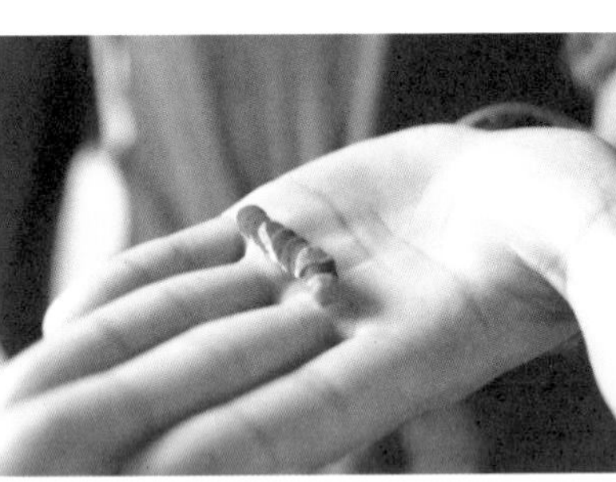

源，裡面蝴蝶無憂無慮的飛舞著，吳大哥和志工媽媽兩人對著每隻蝴蝶瞭若指掌，一一向我們介紹牠們的種類、特徵等，我們就像劉姥姥般的大開眼界，成群的蝴蝶在我們頭上翩翩起舞，看得目不暇給，他們看到蝴蝶時眼睛總是閃閃發亮，好像在介紹自己的小孩子一樣。臺中市的僑孝國小是蝴蝶的培育基地，在校內的生態園區可以讓學生了解蝴蝶的一生，並且學習如何照顧、養育這些屬於臺灣的貴客，園區名稱取得很棒，「魔法精靈園」，在這裡為了這片蝴蝶園奉獻心力的人們，我們看見你們所施展的魔法了，使校園內更充滿生機！

參觀完蝴蝶園後，我們向僑校國小的師生道謝，謝謝他們讓我們今日的旅途豐富不少，蝴蝶在園內飛舞的景象很難忘，我們想每個人心中或許都有自己的蝴蝶園，在裡面擺滿自己最喜歡的花花草草，無憂無慮的飛。

經過豐原後，走在后豐大橋上，看見夕陽西下時所帶來的細膩光影，夕陽在遠方若隱若現，車來車往的橋墩上，我們已經走過無數座橋梁，眼看就快要走到北部了，不知道以後還有沒有機會背著那麼重的背包走過一條橋？所以我們更珍惜當下走路的時刻！

等到下橋後，天色已暗，我們想繼續趕路的同時，一輛車停在我們身旁，搖下車窗，開車的人問

一顆粽子，暖的不只是胃，還有心

我們需不需要幫忙，他說天色已晚，假如不嫌棄可以到他家住上一晚，我們其實沒有想太多，看著他誠懇的臉龐就乖乖上車了！熱心的他叫做Jason，從澳洲打工度假回國，就常常在路上幫助需要幫助的背包客，今日有緣與他相遇，我想也是上帝的安排，恰巧我們今天也還沒找尋住宿的地方，剛剛好找到一個住宿的地點。

相當貼心的Jason，當場做菜請我們吃，配上今天在市區Joe大哥所給我們的肉粽，這樣的晚餐好特別，本來互不相識的人們，透過我們的分享，讓更多人能夠津津樂道，臺灣人的人情味！

Day 63

臺中北區→臺中后里

行走距離：18.7km

成長的夢工廠

5/3~4 2013

登場人物：
馬克外婆，馬克媽媽

在峨眉與母親相遇，六十多天了，淚水忍不住在眼眶中打轉。

這裡是熟悉的外婆家，我們兩個一路從苗栗市區走過來，中豐公路的起伏加上陰雨濛濛，一再地考驗我們的體力，但想著外婆與家人就在前方等著我們，一切的辛苦都很值得。

這兩天在外婆家，做了以前從來沒機會做的事，以往我們回到外婆家總是匆匆而過，吃完飯就離開，這次因為徒步環島在外婆家住了兩天，感受特別多，與外婆的互動是如此貼近，幫外婆抄寫公車時刻表，載著外婆到北埔姑婆家，看著她們聊天，替外婆將好朋友的聯絡資料記在小本子上，很多的第一次，是我活了二十三年從來沒做過的，如今，覺得好開心，雖然這些都是小事，但就是覺得有種踏實感，

若不是這趟環島之旅，不知道什麼時候才能實現這個簡簡單單的小夢想。

隔天我們前往北埔，適逢假日，人山人海的遊客幾乎快把以前印象中傳統的小鎮所占滿，遠方聽見陣陣的敲鑼打鼓聲，舞獅隊伍慢慢出現，人群有默契的讓出一條路讓隊伍經過，看著舞獅的師父在大太陽底下揮汗如雨，背後早已溼透，再仔細瞧瞧他們的制服，寫著「北埔國小醒獅隊」。看見我一直拿著相機拍照，站在我旁邊的大姐忽然問我可不可幫她拍一些她兒子的照片，向我指著正在奮力表演舞獅的其中一位團員，我說：「當然沒問題！」一邊與大姐聊了起來，

他們這樣每天都要練習多久啊？我問

不一定，有時候放學也要留下來練習，放假的時候也要練習，一開始的時候兒子也常常抱怨很累，但久而久之也慢慢習慣，現在已經開始會自己挪出時間練習，以前常常打的電動也都不打了，都專心在練習舞獅的技巧……其實他叫我今天不要來，說是怕看到我會緊張，影響表演，但我對他說，兒子啊，平常你都這麼努力地在練習，演出當天一定會有好表現的，放輕鬆。大姐說

看著孩子專注地投入表演之中，一定很感動吧！馬克說

是啊，尤其是現在越來越少人願意參加醒獅隊，看著他在醒獅隊逐漸長大，越來越有責任感，我真的很開心，他們的教練也常常說，醒獅隊的孩子不會變壞。大姐滿足的說著

我們就在北埔老街上看著醒獅隊的精采表演直到結束，與大姐交換電子信箱，照片一定會盡速的寄給妳，我答應著。

醒獅團的舞獅表演是他們為了文化傳承所付出最直接的證明，不只有紅色、還有紫色，兩方互相爭奇鬥豔，將北埔老街變成他們最棒的表演場地，展示平常練習的成果，並且也能讓遊客欣賞一場美好的視覺饗宴！

廟口的回憶

打著彈珠，吃著炸熱狗與山楂糖葫蘆，這是小時候在外婆家附近的廟宇前，最深刻的回憶。

小時候每逢過年過節，廟前面都會聚集大批人潮，有些人來看戲、有些人則是來跟老朋友敘敘舊，這段期間廟宇前面的人潮絡繹不絕，自然而然就會有很多攤販在此擺攤，也是小時候我們最期待的事之一，每逢節日，我們就嚷嚷著要去拜拜，其實醉翁之意根本不在酒，是在那邊打彈珠、吃糖葫蘆，現在我們用雙腳走到這間廟前面，因為不是過節的關係，人潮並不多，但在這裡彷彿將回憶拉回從前，又跳回現代。

在環島的過程中，回憶與記憶是互相影響的，由記憶緬懷回憶，由回憶品嘗記憶，我們在廟宇前面背著背包，看著以前賣糖葫蘆的攤位，這裡是我成長的記憶，也是我永遠的回憶！

Day 67

新竹市區→新竹峨眉

行走距離：23km

【新竹北埔】老聚落，新醋味

登場人物：醋活文化館張大哥

越陳越香

人家說酒是越陳越香，但在北埔，我們發現一種東西也是越陳越香，醋！

從沒想過喝醋也能喝得這麼開心，但我們在北埔老街上的醋活文化館內，徹底顛覆對醋的想像。北埔老街像是一條回憶的走廊，帶領我們走進歷史之中，隱身在慈天宮前方的醋活文化館，用一種低調沉穩的方式，慢慢將醋一步一步帶進我們的心裡。

才剛進店裡，張大哥就先請我們喝了一杯香香甜甜的濁酒，立刻就融化了我們的心，店內兩旁擺滿了醋罐子，什麼口味的醋都有，蒜頭、四物、苦瓜等等。我們心想，原來醋也能有這麼多種變化，看著裝在罐子內的醋，想像它在裡面等待有緣人一開而飲，讓時間給予更豐富的滋味。

張大哥自豪地說，這裡的醋跟其他地方不一樣，是活

的，滋味會隨著時間不停變化。彷彿每個罐子內的醋都有生命，在時間的推移下成長茁壯。

在與張大哥的對話過程中，我們看見他對於北埔聚落發展的努力，他希望北埔的老聚落能夠透過更多樣化的特色商品以及文化體驗，保存歷史的味道，他店內的釀造醋原料也大多向當地農家採購，為的就是希望能夠幫助當地農家，讓他們種出來的好東西有更多人品嘗，基於這樣的理念，張大哥對品質有著無比的堅持，因為這些原料都是當地農家全心全意所栽種的，若因為自己的不小心，而使這些用心栽種的農產品失去原本的風味，他說他自己是沒辦法接受的。

在我們採訪的過程中，張大哥邊介紹釀醋的方式，邊翻動著菌母，每一個步驟都用酒精消毒，按部就班、扎扎實實，他說釀醋絕對不能怕麻煩，因為醋是活的，必須向照顧小孩子一樣細心，而它們若能感受到你的用心，就會用一口口好醋來回報！

北埔是傳統的客家聚落，近幾年努力推動的老聚落再

讓菌種呼吸

每一步驟都要很謹慎

生工程也逐漸看到成效，許多傳統文化的創新都在此誕生，這次我們遇見張大哥，他說的一句話讓我們印象最深刻：「要把自己堅持的理念說出來給大家聽，跟好的做連結，跟壞的切割。」

說出來，其實沒有想像中簡單。這趟旅程中，很多路過的人給予我們祝福，給予我們希望，他們勇敢的把自己想說的話說出口，張大哥的這句話深深刻劃在我們心中，堅持的理念或許會讓很多人心存質疑，就像我們即將徒步環島時，也有很多人覺得何必要做這件事呢？開車、騎車不是更好嗎？因為堅持想要感受臺灣的理念讓我們出發，張大哥也因為想讓當地農民的好產品能夠讓更多人知道，所以在釀造醋的任何環節都小心謹慎，因為每一個細節都會影響口感；這一罈子的醋，寄託了多少希望在上面？

用心釀的醋，無價。

Day 67

新竹北埔

5/ 7~8 2013

中壢↓八里

一碗好麵

一覺起來，我們已經離開臺東好久了。麻糬說

還記得蘭嶼的海嗎？還有飛魚自投羅網！馬克說

今天預計要走到桃園大園鄉，投宿朋友家中一晚，好不真實的感覺，我們已經快走到終點了，還記得第一天出發時，根本不知道什麼時候可以完成，現在卻離完成就只差一步之遙，內心反而相當矛盾。

開心的是，可以回家了；憂鬱的是，那些旅程的美好還在我們的內心拉扯中，不想跳脫出來，我們知道回到臺北之後，這些回憶是永遠存在我們心中，但就是那麼的捨不得，看著桃園機場飛機的起飛與降落，我們的思緒與飛機一同飛向彼端，能不能，繼續走下去？

從中壢出發前往大園，經過一段田間小路時，拿著鋤頭的農夫伯伯，站在路邊靜靜的凝望著我們，他朝著我們說著話，不知道是不是腔調太重，我們沒聽懂，但他的臉上充滿微笑，我們也向他打招呼，他轉身，繼續凝視他的稻田，彷彿在跟稻田對話，用一種深具感情的眼神凝望著。

一碗用心煮的麵，是會讓人暖到心坎裡，這趟旅程中也算是吃遍臺灣有名的美食，但現在，印象最深刻的卻是這碗簡單的陽春麵，伴隨著回憶，伴隨著旅行的思念，我們在朋友家開的麵館吃到一碗用心煮的麵，讓我們又回到旅行者的行列之中，學會感激，學會惜福，即將要抵達終點的我們，些許的惶恐卻又伴隨著無比的期待，用心感受在臺灣每分每秒發生的感人故事，我們會知道，這一切都很值得。

已經可以看到關渡大橋，距離終點站淡水

非常近，這趟旅程的點點滴滴開始在腦袋中盤旋，第一天兩個人的熱情與體力僅止於三芝，在金瓜石走著地獄的上坡，在宜蘭與蘇花公路相望，在花蓮慕谷慕魚裸泳，在臺東太麻里的海邊放空，在南橫公路上勇闖，在阿朗壹古道上穿越屏東等等，一切的一切好像不再那麼遙不可及，我們對臺灣逐漸熟悉，憑著我們自己的雙腳，有人會問說這趟旅程會不會有什麼樣的遺憾呢？在這樣美好的島嶼上行走，沒有遺憾，只有知足，只有感恩。

很難忘記第一個清晨醒過來時，那種籠罩全身的不真實感，現在已經是最後一個清晨，明天的我們就要抵達終點，完成夢想了。

這一切來得並不快，因為我們是用走的，但我們始終沒有忘記初衷，為了更了解臺灣，所以沒有時間限制上的壓力，也沒有一定要玩遍哪裡，踩到多少個著名景點的想法；我們的旅行很隨性，卻又有所堅持，我們堅持發現更多臺灣的真實面貌，努力找尋著有關於傳承的故事，從小就習慣聽別人的想法做事，現在有時間多多傾聽自己內心的聲音，去感受故鄉所帶給我們的感覺，不需要迎合任何人，因為這是我們自己的旅程，走在臺十五線上，告示牌已經可以看到往淡水的路段，我們，就快要到終點了！

今天走到八里，恰巧有地方能夠讓我們借宿，在八里焚化爐外等朋友時，遇見兩位騎車環島的騎士好像才剛出發，而我們卻已快要完成，這是一場追夢的接力賽，每當有人完成夢想，下一組人馬就像是獲得提醒一般，該出發了，一組接著一組。

臺灣的土地不會有寂寞的時候，有太多的人在不同時間裡，做著相同的夢，我們與他們互相分享旅途的點點滴滴，就像剛開始走時遇到即將完成環島的前輩給我們的建議；現在我們也即將要完成了，也該將意志傳承下去，讓追夢永遠不息。

Day 69~70

中壢市區→桃園大園鄉→八里

行走距離：13.3km、20.8km

5/9 2013

登場人物：阿美，項格

八里↓淡水

曾經說過的夢想，第七十一天實踐

徒步環島一圈
第71天 淡水
回到最初

最後一次整理背包，不厭其煩的將物品拿出來，打包待洗衣物，再把物品放進去，這已經是習以為常的生活模式，我們這樣生活七十一天，每天重複同樣的動作卻不嫌麻煩，思維早已轉變為走路模式，朋友說從哪裡到哪裡要怎麼去，我們都直覺式的先用走路來當做第一選項，Google map 裡面的搜尋功能也設定成用走路的估算路線，這是最後一天，我們卻還貪戀的想著，能不能不要結束？

沒有比這條道路更熟悉的路線，還記得我們相約在淡水捷運站的那一天，沿途景色不變，只是現在的我們用雙腳往淡水捷運站的方向走去，看著對岸八里的山，淡水河面依舊讓微風親吻著，這條路從來沒有用走的過，除了這一次，這最具意義的一次，我們徒步環島的最後一天，走遍臺灣大大小小鄉鎮的雙腿，今

天要走回出發的地方，那一天的思緒，全部湧上心頭。

七十一天

一七〇四個小時

一〇二二四〇分鐘

在這將近兩個半月的旅程中，很多人問我們：

爲什麼要用走的？

爲什麼有這麼多時間？

爲了什麼呢？

背包不會很重嗎？

出發前花了多久訓練？

你們是在還願嗎？

女生怎麼都晒不黑？

（應該是男生太黑……）

不會走到一半想放棄嗎？

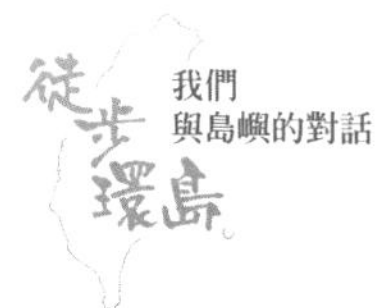

好多好多的疑問，在別人的眼裡看起來有點不可思議，是傻勁？是衝動？這些問題都在我們從淡水出發的那一刻，慢慢地去迎接、去克服、去享受那未知的美好。引用一句《牧羊少年奇幻之旅》的話：「只有一件事能阻礙夢想成真，就是害怕失敗。」這句話深深的在我們心中紮根，萌芽，也成了我們徒步環島的信念！

我們失敗過，沮喪過，但我們從未因此而害怕失敗，所以我們在這條路上，始終沒有放棄地走著，每一天都面臨著新的挑戰、新的冒險，因為我們知道我們走得完、做得到！直到最後一天，我們還是堅信這句話所帶給我們的意義，在旅行中我們與自己對話，與島嶼對話，透過問答之間，我們更了解臺灣，也更了解臺灣希望我們了解的事。

快接近淡水捷運站的時候，想起旅程中的我們，有爭吵，有疲憊，有著莫名的情緒來打擾，有著夜晚在完全沒有路燈的田間小路上驚險走著的經驗，這些都是旅行中所不可或缺的元素，發生的每個情況都帶給我們成長所必須的養分，路再遠我們都不曾畏懼，背包多重我們也未曾思考過，一切只希望能夠看到臺灣更多的美好，將故事與人分享給更多的人。

捷運疾駛而過，這是通往終點的道路，也是我們追逐夢想的起點，人潮逐漸變多，淡水站的告示牌越來越明顯，仿紅毛城建築風格的捷運站是我們的回憶，如今卻有點近鄉情怯的感覺。

「是不是還沒準備好？要是現在走過去一定會哭吧！」麻糬說著說著，已經看見兩個約定好的朋友在此迎接我們，是的，淚水就這樣從眼眶中奪目而出，眼淚與汗水很少同時落下，要不是背著二十五公斤的背包，真的分不清楚汗水與淚水了，麻糬與她的好友相擁而泣，這幅畫面是這趟旅程中

最美的景色，多少個日子的挑戰，我們都熬過來了，又回到熟悉的地點，夢想從這裡開始，但絕不會從這裡結束，我們的心還會一直走，讓更多人看見臺灣之美。

我們在臺灣這塊島嶼上，看到了最美麗的風景與故事，每個人的加油聲到現在始終在我們耳邊迴響著，我們不特別、很普通，但透過徒步環島，看到了最特別的臺灣。

七十一天後，這不是結束，而是另外一趟探索自我的開始。我們在這趟旅程中，看到的都是更真實的自己，以及讓我們更勇敢去面對現實、難題，千萬不要為了逃避某些事情而旅行，應該是要為了看清楚這些讓你陷入困境的事情而旅行，會發現成長得很快，而享受其中，等到旅程結束後，得到的不是疲憊，而是讓你重新開始的滿滿能量！走了一圈，沒有疲憊，只有滿滿的感動！

曾經說過的夢話，直到自己實踐的那一天，才知道後面有多少的歡笑與淚水交織，也才會知道，夢有多美好！

馬克&麻糬二〇一三年／二月二十八日至五月九日徒步環島，完。

Day 71

八里→淡水

行走距離：18.3km

Part 3

環島後。

未完待續……

DYNAMIC
3/29
2013.03.29

埋下一棵名為希望的種子

環島結束後，我們各自回到自己的生活，但從未忘記這趟旅程所獲得的感動與滿足，我們會繼續探訪臺灣各地美景，與粉絲團的朋友互相分享感人的故事，希望能夠將希望的種子埋入夢想的土壤之中，透過我們的書、我們的故事、我們的感動，讓更多人願意去追夢，希望能夠幫助更多人實現夢想，不要怕夢想很遠，只要勇敢跨出第一步，你會發現，其實沒這麼遙遠！

與我們一同分享臺灣的美景

時間給我們成長的機會，經過七十一天的旅程，結束另一個階段的開始，環島完成後我們持續地的準備讓更多人能夠認識臺灣的方式，在《徒步。我們與島嶼的對話》粉絲專頁中也陸續更新臺灣私房景點、在地美食、感人故事等，同時也歡迎各位讀者在粉絲專頁中跟我們分享更多臺灣的美。

相遇的每個人，一一感謝

三芝快樂天堂的愛妮（豐盛佳餚）

金山馬克的國小同學蘇董

基隆馬克的大學同學 BB

羅東馬克的高中同學 RYAN 一家人

金瓜石咖啡館鄭大哥

熱血陪走的蘇澳九廊民宿老闆陳男
蘇花公路上兩位清潔大姐的清涼飲料
花蓮新城的馬大哥及 Hobi
花蓮奇美部落原住民林大姐
花蓮玉里提供住宿的潘顯順大哥
花蓮池南吳雪月老師
花蓮夢之鄉民宿老闆娘
熱情陪走的「三間屋的小管家」耀天
鹿野柑仔店的小胖
馬克同梯朋友 KIMI（臺東卑南京美會館）
臺東市區隔壁老王民宿的老王（熱情贊助）
臺東太麻里新香蘭部落戴明雄牧師
臺東尚武安朔大龜文生態園區黃漢忠大哥一家人
恆春港仔村的鄭豐績
高雄飛碟電臺 DJ 王小喬
高雄小港蘇牛牛的奶奶家
高雄小港的帥哥 KEN（半夜贊助充電器救急）

高雄「就愛美麗島」的小管家（熱情贊助）

高雄駱媽媽的熱情招待

高雄左營馬克同梯朋友仕翰

嘉義市區馬克大學同學草莓家

嘉義阿里山 7-11 店長熱情贊助

嘉義民雄提供住宿的葉大哥

斗六馬克大學美錦同學一家人

彰化員林馬克蔡孟瑾同學一家人

臺中霧峰參與陣頭的姚國彬及眾親友

臺中市區馬克大學同學徐啟修家

臺中僑孝國小胡校長老師及志工媽媽

臺中路過餵食我們的 Joe 大哥

新竹峨眉馬克外公外婆

桃園大園馬克大學同學九哥家

提供八里住宿的 D-va 及 SGS 實驗室的林大哥

臺北淡水迎接我們的楊阿美及項格

淡水蘆洲羊肉拉麵老闆&老闆娘

麻糬公司「小媽俱樂部」的同事精神贊助

麻糬家人，孫老爸、撒嬌媽、孫小毛，以及范氏家族親友全力支持

馬克家人以及所有親友的支持

一路上餵食、補給、對我們精神喊話打氣加油的所有人

「臺灣徒步環島聯誼會」臉書所有成員

網路上不斷支持、並分享資訊的「徒步。我們與島嶼的對話」的粉絲

國家圖書館出版品預行編目資料

徒步環島。我們與島嶼的對話 / 陳志恆, 孫琬琪
文.攝影. -- 初版. -- 臺北市 : 華成圖書, 2014.03
面 ; 公分. -- (閱讀系列 ; C0336)
ISBN 978-986-192-202-7(平裝)

1.臺灣遊記 2.徒步旅行

733.69 102027330

閱讀系列 C0336

徒步環島。我們與島嶼的對話

文・攝影／陳志恆 孫琬琪

出版發行／華杏出版機構
華成圖書出版股份有限公司
www.farreaching.com.tw
台北市10059新生南路一段50-2號7樓
户 名 華成圖書出版股份有限公司
郵政劃撥 19590886
e-mail huacheng@farseeing.com.tw
電 話 02 23921167
傳 真 02 23225455
華杏網址 http://www.farseeing.com.tw/2005/farreaching/index.php
e-mail fars@ms6.hinet.net
華成創辦人 郭麗群
發 行 人 蕭聿雯
總 經 理 熊 芸
法律顧問 蕭雄淋・陳淑貞

總 編 輯 周慧琍
企劃主編 蔡承恩
企劃編輯 林逸叡
執行編輯 袁若喬
美術設計 陳琪叡
印務主任 蔡佩欣

定 價／以封底定價為準
出版印刷／2014年3月初版1刷

總 經 銷／知己圖書股份有限公司
台中市工業區30路1號 電話 04-23595819 傳真 04-23597123

☻讀者回函卡

謝謝您購買此書，為了加強對讀者的服務，請詳細填寫本回函卡，寄回給我們（免貼郵票）或E-mail至huacheng@farseeing.com.tw給予建議，您即可不定期收到本公司的出版訊息！

您所購買的書名/________________ 購買書店名/________________

您的姓名/________________ 聯絡電話/________________

您的性別/□男 □女 您的生日/西元________年____月____日

您的通訊地址/□□□□□________________

您的電子郵件信箱/________________

您的職業/□學生 □軍公教 □金融 □服務 □資訊 □製造 □自由 □傳播

□農漁牧 □家管 □退休 □其他

您的學歷/□國中（含以下） □高中（職） □大學（大專） □研究所（含以上）

您從何處得知本書訊息/（可複選）

□書店 □網路 □報紙 □雜誌 □電視 □廣播 □他人推薦 □其他

您經常的購書習慣/（可複選）

□書店購買 □網路購書 □傳真訂購 □郵政劃撥 □其他________________

您覺得本書價格/□合理 □偏高 □便宜

您對本書的評價（請填代號/ 1.非常滿意 2.滿意 3.尚可 4.不滿意 5.非常不滿意）

封面設計______ 版面編排______ 書名______ 內容______ 文筆______

您對於讀完本書後感到/□收穫很大 □有點小收穫 □沒有收穫

您會推薦本書給別人嗎/□會 □不會 □不一定

您希望閱讀到什麼類型的書籍/________________

您對本書及我們的建議/

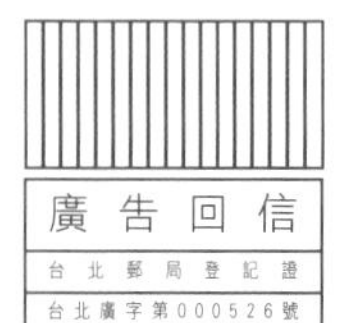

華杏出版機構

華成圖書出版股份有限公司　收

台北市10059新生南路一段50-1號4F　TEL/02-23921167

（沿線剪下）

（對折黏貼後，即可直接郵寄）

本公司為求提升品質特別設計這份「讀者回函卡」，懇請惠予意見，幫助我們更上一層樓。感謝您的支持與愛護！

www.farreaching.com.tw　　請將　C0336　「讀者回函卡」寄回或傳真(02)2394-9913